カニカマ人生論

清 水 ミ チ コ

幻冬舎文庫

カニカマ人生論

目次

フミちゃん

小学校の低学年だった頃、親戚の家の庭で、二人のイトコと私の3人で鬼ごっこをしたことがありました。「鬼」だったのはイトコのフミちゃん。

私はじゃんけんで勝ったので、逃げる側からのスタートとなったんですが、もともと気が弱いところがある私は、途中で逃げることそのものが無性に怖くなってしまいました。（捕まったらどうしよう、逃げきれるわけがない）そう思って、逃げ足をわざと弱め、普通に歩くことにしました。（どうせ捕まるんだ、必死になってこんな恐怖を味わうより、さっさと捕まった方がまだまし）。なんて可愛げのない子供でしょうか。

フミちゃんは5つほど年上で、男だし、体力的に有利。逃げても無駄だ、と思えたんですよね。そんな態度だった私にカチンときたのか、フミちゃんはハッキリとこう言いました。「ミチコは、なんでいっつもちゃんと逃げんのや。それではゲームしてても誰もちっとも面白くないし、そんな根性では何やってもダメやぞ」

私は自分の弱みを知られてしまった、という気持ちで、とても恥ずかしくなりました。すぐ泣いてしまう、途中で怖くなる、くじける、という性格の弱さは日ごろから自分でもうすうす感じてはいたのですが、ちゃんと言葉で明確に人から指摘されたのは初めてだったのかもしれません。

(ああ、やっぱり決定した)。フミちゃんに言われた言葉が、自分にものすごくしっくりきてしまったのでした。自分はこれからも色んなことから逃げるような人生なんだろうか。そんなヨボヨボした姿もなんとなく予想がつきます。

だいたい私は小学校に行くことすら苦痛でした。それまでの保育園での日々は歌ったり踊ったりで、エブリデイ・イズ・フリーダム！　といった印象。毎日をちゃらんぽらんに過ごしてても楽しいものでしたし、両親も保育園の先生も、周囲の大人はみんな、子供というものを甘やかしてくれてました。

ところが、小学校にあがる頃になるとどうでしょう。徐々に様子は変わっていきます。おかしい。「不自由の匂い」が日に日に濃くなってきているではないですか。しかも「べんきょう」とか、「しゅくだい」とか、「じかんわり」など、なじみにくい言葉が急にペッタリ、たくさんまとわりついてくる。小学校には最初からイヤな予感しかなかったのです。

入学式の前日には、「記念に」と服を新調してもらい、写真館に行き、ランドセルを背負《しょ》って、晴れ姿を撮ってもらったのですが、ぜんぜんノレない。明らかにブルー。親だけが希望に満ちています。「笑って！」と言われるたびに親は笑うのですが、当人は無表情。焼き上がった写真の中の私がぜんぜん笑ってないのを見て、いかにも残念そうだった親の顔をよく覚えています（でも逆に、今その写真を見ると、情けなさと無表情さにめっちゃ笑えてきますが）。

そしていざ小学校に行けば、目の前には明るくハキハキしているみんなの姿がありました。私はというと、（はあ～、ちゃんとしててえらいもんだなあ、あれで同じ年か、元気だねえ）と、離れた場所からみんなをながめる、どこかお婆さん目線でいたものでした。ついていけない気がする。イヤな予感は見事に当たりました。

しかしそんな私が、なんと数十年後、たった一人で武道館のステージに立っていたのです。しかも、1回だけではなく、6回も継続できているではありませんか（20

20年現在)。おお奇跡！　人って変われるんだ、と実感しました。すぐに自分の弱さやセコさという壁に勝手にぶち当たったり、一時はメディアに出るたびに膝を抱えていた私でしたが、徐々に光を見出すことができているのです。

(自分の気の小ささ、弱さは誰にも理解できない)とか、(自分はダメな人間なんだ)と感じたことがきっかけで、そのように決めつけ、信じ込んでしまっている方がもしいるなら、それがいかにもったいないことであるか、ということもここでたくさん話せたらいいなと思っています。

なぜならば私自身が悩んだ時や落ち込んだ時に、大先輩たちに教わったことや、色んな本に書いてあった言葉、家族や友人たちがかけてくれた声が、背中をそっと押してくれたからです。また私はそういう言葉をもらったら、ちまちまとメモしてきたので、常々(もらった言葉が日の目も見ずに死んでいくってのも、もったいない話だな～)と思ってたんですね。個人が実感してきた言葉を享受できた時ほど、心がアガることはないと思っています。

と言いつつ、このエッセイでは、背中を押すどころか、むしろヒクような話もたくさん出てくることだと思います。なにせタイトルも、「カニカマ人生論」。ここには本物の「カニ」の持つ旨味《うまみ》こそありませんが、B級グルメだからこその味わいや、ちょっと情けないテイストも芸のうち。気ままに楽しんでいただけたらと思っております。

嘘つきえいざ

漢字で「美智子」と書くのが、私の本名です。私が生まれた1960年頃は、日本中が「ミッチーブーム」という時代であり、私の両親もあのプリンセス・美智子様の大ファンだった、ということが名前の由来のようでした。つまり、ちゃっかりブームにあやかっていたんですね。

今思えば私の人生は、名前からすでにモノマネだった、というカニカマ・ストーリーです。ちなみにのちにつけた芸名は、読み方はそのままにしても、漢字だとちょっとヘビーだし、かといってひらがなだとメルヘンすぎるなあ、などといろいろ名前を書いてみながら、結局意味のなさそうなカタカナ表記にいたしました。

さて、その漢字の名前がつけられて間もない、私がまだ赤ちゃんだった頃、こんなことがあったそうです。あとで親戚から繰り返し聞かされては笑われた話なのですが。

居間でベビー椅子に座らされていた私。当時はまだ珍しかった、いただきものの輸入品のビスケットを、母親がちょっと食べさせたら気に入ってしまったらしく、もっともっと、と手を出して欲しがったんだそうです。そこに、玄関に不意の来客があったので、とっさに母親がそのビスケットを、椅子に固定された赤ちゃんには絶対に手の届かない、テーブルのうんとはじっこに置いてから、玄関へと向かいました。ところがです。母親が居間にもどってみると、なんと赤子はベビー椅子ごと、ビスケットの真ん前に移動しており、満足げに平らげていたという。怪談話「恐怖のベビー椅子」の一席でございます。

母親は驚き、ぞっとしたそうですが、家の中には他に誰もいないのに、いったいどうやって赤子は移動したのか。実はなんと私は、(椅子ごと身体を左右にカターン、カターンと揺らすと移動できる!)とわかったらしく、ビスケット欲しさのあまり、「自重で移動する」という独自の方法を編み出し、にじり寄っていったそうなのでした。今でも食い意地が張っている私の性分に、この話は深く納得できます。カターン、カターン、という音を想像するとさらに恐ろしい。昔から気が弱いところがある性格の裏で、一転してスリルが好きだった、という、まるで三流の犯人像みたいな一面があるのです。

それがさらにしっくり来たのは、今から4年くらい前、高山に住む弟から電話がかかってきた時に聞いた話でした。なんでも近所の長老の方にバッタリ会った弟。「おう。おまえらの先祖の面白い話があるが、知ってるか？　話聞いてくか？」と、親切にも弟に話しかけてくださったそうです。その人によれば、なんでも私のひいおじいさんという人物は、栄三郎《えいざぶろう》という名前であるのに、まわりから「嘘つきえいざ」と、あだ名で呼ばれていたんだとか。語呂よすぎ。そんな話は聞いたこともなく、ちっとも知りませんでした。

「嘘つきえいざ」は、若い時分から人をからかったり、冷やかしたりすることが大好きで、どんなに親やまわりから注意されてもやめなかったそうです。特に偉い人ほど冷やかしたがるそうで、位の高いお坊さんなどは格好の標的だったとか。えいざは深刻な顔つきでお坊さんに近づいたかと思うと、「聞いたか？　○○さん宅の婆さまが今さっき亡くなったらしいぞ！」などと嘘を耳打ちする。すると、「なんだって!?」と、速攻で走って行くお坊さん。その後ろ姿を見ては、さも嬉しそうにえいざは一人で爆笑していた、というのです。自分の虚栄心のためや、お金のために嘘をついたという話ならまだわかりますが、自分の楽しみのためだけにわざわざ深刻顔で嘘をつく、という姿には呆《あき》れますね。と、笑ってすませたいところですが、その時代はちっとも笑い話になどならず、神聖であり、崇高な職業だったお坊さんをからかったというので、大問題となったらしいです。実録ファミリーヒストリーの一席も、今回特別におつけしました。

「姉ソックリ！」と弟に笑われましたが、私も話を聞いてて、そう痛感しました。現在の私も、実は権力を持っていたり、徳が高い人間ほどモノマネのしがいがあり、なりきっていると気持ちいいし楽しいのです（自供始めたぞ）。さらに言えば権力をブンブン使うような、いばった人がどんどん出てこないかな〜、と思ってるくらいなのです。いつか叱られるかもわかりませんが、万が一、法律で裁かれるような時代になっても、刑務所の隅でそっと（自分を弁護する〇〇さん）とか、想像しては一人、小声でやってそうです。

人生はあらかじめ配られたカードでゲームに参加するしかないと言いますが、こういう性分も、直すというよりも、うまくつきあって行くしかないのではないかと思います。いいカードか悪いカードかの基準は、生まれた時代によって、うらはらに変わりますが、自分のもらったカードはどんな図柄で、欠けた箇所やかすれはどこで、個性はどこにあるか、などをじっくり見つめることができれば、愛着が湧いてくるでしょうし、いつか味方になってくれるかもしれません。

清水郁夫

高山駅のすぐ近くにある私の実家。今はジャズ喫茶やお弁当屋さんを経営していますが、昔は「清水屋商店」という店だけを経営してました。果物やお菓子、贈答品として当時珍しかったモロゾフやメリーのチョコレートなども置いてあり、その可愛いロゴやマークを見ただけで、うっとりした気持ちになったものです。

経営していた私の父・郁夫は、思いついたら後先を考えずに行動してしまう性格でした。家族はときおり起こす父の気まぐれな行動によって、ちょいちょい疲労させられました。

ある日、どこで食べてきたのか、「ごま油で揚げたアツアツのアイスクリームの天ぷらがものすごくうまかった！」とのことで、清水屋商店の一角に、「アイスクリームの天ぷら・揚げ饅頭《まんじゅう》」コーナーをすぐに設けました。揚げ饅頭も気に入ってメニューに加えたらしいのですが、どちらもお店で揚げるのは素人である本人。うまくいくはずがありません。

揚げたてを出すため、常に高温状態で待たされるごま油。初めは珍しさがあって買う人がいても、売り上げはそこまで伸びず。メリーの包装紙も油っぽくなってくるうえ、家の中に揚げ油の匂いがこもるのには、家族中へキエキでした。お隣の家は開業医だったのですが、ある日ついに「お宅の揚げ油の匂いがウチにまで来てて……」と言われました。

ところが父は、売り言葉に買い言葉でとっさにこう言いました。「あ、そう！　ウチは先祖代々、オタクからの消毒液のニオイに今日まで耐えてきましたけどね！」もちろん嘘です。消毒液のニオイが隣にまで届くなんて話は聞いたことがありません。おそらくこの一件は、ご近所でも笑い話になっていたことでしょう。このせっかちさと、とっさの言い草は、父らしい話です。

そういえば私が小学校3年生の時のこと。クラスで「お楽しみ会」という催しものがあり、保護者もゲームに参加する、という時。父のいたチームが負けてしまい、罰ゲームをさせられることになり、大人5人が、黒板の前に立たされました。司会者が言います。「では、順番に一人ずつ『私はバカではありません』と、3回繰り返して言ってください」ここですでに教室中にドッと笑いが響きました。（大人がそんなことを言わされるなんて！　しかも3回も。あ〜、おかしい！）という笑い。最初の一人目、二人目は大爆笑でしたが、さすがに3人、4人となると、『バカではありません』の繰り返しに少々飽きてきた感が出てきました。そして最後、そこに立ってたのは父でした。父は「私は」と言い、ちょっと溜めてから「バーカ、どえーーーす！」と、思いっきりアホな顔に、バカっぽい声で言い切りました。大爆笑が起こりました。

翌日、担任の先生が「それにしても昨日の清水のお父さんにはウケたな〜。ははは」と言い、それで思い出したクラスのみんなが「バーカ、どえーーーす！」と、口々に言い方をマネしてはクスクス笑っていました。こういうところは、普段は羨《うらや》ましく思っていたハイソなご家庭の方では無理な芸当かもしれません。

音楽、特にモダンジャズが大好きで、当時の高山では珍しく、ジャズバンドのリーダー（ウッドベース）を務めていましたが、ジャズ喫茶が流行《はや》り出すと、私が小学校4年生の時にはその経営を始めました。こっちは向いていたのか、ずいぶん長期にわたって経営をしてましたし、何よりはたから見てても充実感にあふれてました。自分のやりたいことが見つかったのでしょうか。しかし私は（お店のインテリアもずいぶん凝ってるし、オーディオも桁違いの金額だったらしいけど、いつもお金は、どこから出てるのだろう）と、不思議に思ってました。

そんなある日、テレビのニュースを見てた父が、「なんだ、１００万円くらいの借金でこんな事件起こしたのか」と、ふと洩《も》らしました。そしてそのあと、「オレなんて、その何倍も借金あるけど、へいちゃら。ハハハハ」と笑ってました。私は笑えずその場で凍りつきました。お店を始めるため銀行から多額のお金を借りてたことも恐怖でしたが、それに対して平気そうな顔をできるのがもっと怖い。

私は昔から父の「なんとかなるわい」精神を心から軽蔑してたものですが、大人になってみると、父は事実、結果的には概《おおむ》ね成功してきたわけですから、「なんとかなるわい」には強靭な力があると思わずにはいられません。

色んな人に会ってきましたが、「何の根拠もない自信」ほど強いものはありません。父は10年ほど前に亡くなりましたが、なんだかんだ好き放題に生きた人生って、カッコいいと思いました。死にがい、なんて言葉はないだろうけど、そんな言葉も浮かびました。

父はお葬式ですら笑わせてくれました。せっかちな父には、同じくせっかちな親友がいたのですが、彼は訃報を聞いて飛んできてくれ、父を見て、「マスターッ‼」と、私たち遺族の胸にグッとくるほど、「わあああ〜！」と、激しく男泣きしました。クライマックス。なのにすぐにケロリと「じゃ、仕事中なので」と、去って行ったのです。（早いよ！）（せっかち！）と、遺族は心の中でツッコんで、笑いをこらえました。

しのぶちゃんとゆうちゃん

小学校時代のある日のこと。近所に住む男の子の兄弟、しのぶちゃんとゆうちゃんがウチにやって来ました。この二人はいつも仲のいい兄弟で、私も毎日のように遊んでもらっていました。兄のしのぶちゃんは私より年が一つ上で、弟のゆうちゃんは私より一つ下だったかな。

しかし、この日の二人の表情は、どこかいつもの「遊ぼうよ〜」という感じではありませんでした。（おまえが先に言えば）（オレやだ）などと、ニヤニヤ・モゾモゾして、そのあとで二人して目を合わせながら（言うか？）（うん、言っちゃおう）というような顔つきに。やっと口を開けたと思ったら、「ミッちゃんがこないだ、歌ってた替え歌、あったろ？　あれをもう一度歌って聴かせて欲しいんや」と言うのです。

私は驚きながらも嬉しかったので、その時の記憶が今でもしっかり残っています。

　玄関先で歌うのは恥ずかしかったので、家の前にあった小さな川を3人で見下ろしながら、「では」と、歌ってあげることにしました。唱歌の「松原遠く 消ゆるところ」で始まるあの「海」の替え歌です。歌いながら、心の中では（これ、そんなにおかしいか？）とも思いましたが、わざわざ「もう一度聴かせてくれ」と頼みに来るのだから、二人にとってはよっぽどどこかがおかしいんだろうな、と、おそらく得意気な顔で歌ったと思います。二人は腹を抱えながら、（それそれ！）（苦しい！）というカンジでゲラゲラ笑っているので、私までつられそうになりました。歌い終わると、二人で「やっぱり面白かった〜、ありがと〜！」と、いかにも満足そうな顔をして帰って行きました。彼らは私にとって、最初にリクエストをくれ、爆笑してくれたお客さんということになります。

　ちなみに本来の歌詞は、

「松原遠く 消ゆるところ 白帆の影は浮かぶ 干網 浜に高くして かもめは低く波に飛ぶ　見よ 昼の海 見よ 昼の海」

　というもの。

　それを、

「松原遠く 消ゆる父ちゃん 父ちゃんと母ちゃんが ケンカして 母ちゃん両手で もちあげて 父ちゃん高く声あげた 見よ 母ちゃんの 見よ ハンマー投げ」

と、歌ったのでした。

自分で作った替え歌ではなく、誰かが作ったのを読んだか聴いたかで私が単に覚えたのだと思います。が、自分の歌がこんなにウケた、というか、前に歌った時もウケてたんだ！　と感じた私は、二人が帰ったあとも、何度か心の中で歌ってました。

ところでこの、「ウケた」「ウケない」という言葉は、今や誰もがバラエティ番組などでしょっちゅう耳にしているワードですよね。私見ではありますが、この言葉は単に誰かを「笑わせた」あるいは「笑わせることができなかった」という意味だけではなく、自分が「誰かに受け入れられた」「受け入れてもらえなかった」という気持ちが下地としてあって、「ウケた」「ウケない」という言葉として定着したんじゃないかと思うのです。

2019年に大ヒットした映画「JOKER」は、ご覧になられた方も多いかと思いますが、作品にグッときてしまった私は、映画館とネット配信で合計3回も観てしまいました。ただでさえ傷だらけの人生を歩んできた主人公アーサーに、後年も絶え間なく不幸が降り積もり、ついには狂気にかられて行く、という悲惨なストーリーなのですが。

彼が街や人を破壊するシーンでは、普段の（やめて！）という自分の正義感などどこかに吹っ飛んでしまい、（アーサー、つらかったよね、好きなだけやっちゃいな！）と、いつのまにか犯罪まで応援したいような気持ちになっていて、自分の中の正義など、感情で簡単にゆるむもんだとわかりました。何かを崩壊させるヤバい映画・世界一です。

また、彼がスタンダップコメディアンとしてお笑いの舞台に立ち、スポットライトを浴びた時の姿は、心理的な残酷さここに極まれり、というシーン・世界一に輝いています（↑個人の見解です）。私は観てていたたまれず、（早く時間、過ぎろ！）と思ってしまったくらい、彼の恐怖感と孤独感が痛いほど伝わってきました。

本番ではセリフがうまく出てこないし、やっと出てきたところで、誰にもわかってもらえず、シーンと静まり返る客席。あれこそは「誰にも受け入れてもらえない」彼の孤独さが痛いほど集約され伝わってくるシーンでした（場面の「シーン」と静寂の「シーン」がややこしい文章・世界一になってますが）。爆笑の空気がもたらす幸福感と、静寂の中の孤独感が、近ければ近いほどコントラストが浮き彫りになり、恐怖が増します。

映画「キング・オブ・コメディ」は、やはりコメディアンの映画の中でも、芸人の繊細さの中にハイテンションな狂気が加わるところがスリリングでした。どちらもロバート・デ・ニーロが出演してたのが共通項ですが、暗い舞台裏とその隣のステージでのスポットライトの明るさとの違いは、地獄と天国をハッキリ際立たせるという構図になるのでしょうね。

話がすっかりそれてしまいましたが、幼かった頃に「あの歌をもう一度歌って」と頼まれた私は、おそらく二人が笑ってくれたことで、(自分は受け入れられている!)という嬉しさが一番勝っていた、と思えてくるのでした。

清水敬子

1歳から3歳になるまで、私には母がおりませんでした。

両親が離婚し、親権争いで父の方が一歩も譲らなかったため、私は父と祖母との3人暮らしをしていたのです。あとになって、「なんで離婚したの？」と聞いてみたところ、父は「まあ、あの、ごにょごにょ」と言葉をにごしたので、（浮気だな）と、すぐわかりました。昔から音楽が好きで、ジャズバンドのリーダーであり、話も面白かった父は、女性の噂も絶えなかったようなのです。

そして私が4歳になった頃、若くてきれいな女性とのデートに、幼い私も一緒に連れてってもらうことが増えてきました。父よりも10歳も年下である、鈴木敬子という女性と並ぶと、まるで美女と野獣のように思えるカップルでしたが、その後二人は結婚します。

私はデート中から彼女のことを「ママ」と呼ぶようにしむけられていたらしく、彼女もまたそれを聞くと「はーい」と返事をしてくれたので、うまいこと一役買わされてたようです。

結婚後、家の中でも私はママにうんと甘えました。とても可愛がってくれ、日常に急に光がさした、と感じました。せっかちな父親と、身体もそんなに強くはなかった祖母に囲まれての暮らしは、それまではそれで当たり前だと感じてたはずなのですが、急に温かいふわふわしたものに包まれたような感じがしたのです。あんまり優しくしてくれるので、私は「ママは本当は、私のことが好きになっちゃったから、この家に来たの？」と、何度も聞いてたそうです。子供って無邪気ですよね。

そういえばある晩のこと、夜中に男の人が路上で、吠《ほ》えるような大声でうちに向かって叫んでたことがありました。「鈴木敬子を返せ〜！」あんまり何度も切ない声で叫ぶので、私はビックリしましたが、「ただの酔っぱらいや」などと、なだめられました。しかし、(あれは相当本気だったな)と、子供心にもわかったような気でいたものです。この男性からだけでなく、母の身内やまわりからも、この結婚は大反対されてたようです。

私が小学校に行くようになっても、母はよく私の話を聞いてくれました。当時、母は旅行会社に勤務していたのですが、「明日は会社が休みだけど、何を作ろうか？」と料理のリクエストにも応えてくれ、餃子やプリン、オムライス、ピラフなど、なんでも作ってくれました。休日だった毎週水曜日が待ち遠しかったものです。また、私がする学校での話も、料理の片手間にただ聞くというだけではなく、同級生のことなど、名字と下の名前とおおまかな住所までセットでよく覚えており、「今日な、小田嶋くん（仮名）にこんなイジワルされたんや〜！」と言うと、「〇〇町に住んでる小田嶋和也くん（仮名）か。でもあの子はホラ、去年のクリスマス会であんたに順番を譲ってくれたことがあったもんな。覚えとる？」など、当人が忘れてたようなことまで細かく覚えてて、（あ、そうだったたか）と、怒りを忘れてしまうようなこともありました。日々、私のおかしい話には笑い、悲しかった時の話にはなぐさめ、といつも私に同調してくれる母でしたが、いつだったか、こんな変なことがありました。

理由はよく思い出せないのですが、何か理不尽なことがクラスであり、私がそれについて、ものすごく頭に来てたらしいのです。悔しさや怒りを、いつものように思いっきり「今日はああだった！　こうだった！　しかもだよ！」と、母にぶつけていたところ、なぜか母がいつまでもうつむいています。（あれ？　泣いちゃってるのかな。おかしいな。泣くような話じゃないんだけど）と、思ってよく見ると、ハンカチで目を押さえながら、かすかに震えているような。私は（何かあったのか？）と心配になり、話を止《や》めて聞きました。「ね、どしたの？」見ると母は確かに泣いてはいましたが、それはなんと、笑いをこらえきれない涙だったのです。「ごめんごめん！」と謝りながら、（たまらん！）という顔でこう言いました。「実はあんたがカンカンに怒っとる時って、いっつも私、おかしくておかしくて、どうしても笑ってしまうんや。あ〜、おかしい！」と、まだクスクス笑っていました。これまでも、どうやら私の「怒り話」にだけは隠れて笑ってたらしいのです。私の怒りはそこですっかりシラけてしまい、感情も解散でした。（そうか、私がめっちゃ怒ると面白いのか）という妙な納得もありました（↑なんか理不尽だけど！）。

　大人になった今でも、怒りを大声で訴えることはありません。どこかで誰かに心から笑われる気がして。まあそんなわけで、私は幼い時から、血のつながりはないけど優しく、また私を面白がってくれるこの母によって育てられました。他人から愛をもらったんだなあ、と思います。もちろん父や祖母からももらってたはずですが、子供にとって「愛」とは、細部までじっと見つめられることであり、最後まで話をしっかり聞いてもらうことであり、一緒に笑いあってくれることだと思うのです。私はこの母にどんなに感謝してもしきれないほどです。

私の人生はこのように、始まった時からすでに、寂しさと喜びがセットになってやってきてました。きっとこれからも。そして、いつも隣にいてくれた赤の他人によって支えられてきました。そんな他人たちとの思い出話も、これからたくさんしたいと思います（言い方）。

よっちゃん

小学3年生の時のこと。隣の町内に住んでいる、よっちゃんという女の子と、たまたま同じクラスになりました。私は花里町5丁目で、よっちゃんは6丁目。彼女はクラスで一番というより、学校では特殊な部類に入るような美少女でした。しかも成績は抜群で、運動神経もよく、何より性格が明るく、まさにまぶしい存在。「クラス委員は誰にしますか?」と先生に聞かれると、誰かが必ずよっちゃんを推薦したりして、人望まであった彼女は、お笑いも大好き。気がつけば私たちはどんどん仲良くなっていました。

パッとしない私と、なんでこんなにつきあってくれるのかな、と思いながらも毎日二人で学校へ行き、並んで帰りました。漫画が好きで、「りぼん」や「なかよし」に限らず、「少年ジャンプ」「少年サンデー」「少年マガジン」など、雑誌の性別も超え、お好み焼き屋に行ってはよく読み漁ってました。二人とも『つる姫じゃ〜っ!』を連載してた土田よしこ先生の大ファンで、彼女のおしゃべりが入った、ふろくのソノシートには大興奮。土田先生の話し方が、ソノシートとはいえレコーディングであるはずなのに、ややガサツというか、若干ぶっきらぼうな感じで、(照れ屋なのかもしれないな)と自分に似たところを見つけ、ますますシンパシーを感じたりしたものです。

よっちゃんとは漫画だけでなく、テレビドラマや、歌番組で見たアイドルの話もよくしました。褒めるだけでなく、皮肉な言い方をしたりして、ツッコミながら楽しむというのもまた、幸せな時間でした。勉強や宿題さえなければ、最強の日々。私の隣にいてくれるまぶしい存在は、自分の自信にさえなりました。日曜日や連休、夏休みにお正月と、休みの日もしょっちゅう二人で会い、笑ってばかりいました。「おまえら、どんだけ仲いいんや!」と、お互いの親にも呆れられたほどです。

(いっそ自分がよっちゃんだったらいいのにな〜)ともしょっちゅう思っていました。太陽のような人とつきあうほど、(それに比べて自分は……)などと、グズグズと現実の自分へのコンプレックスが頭をもたげそうなもんですが、さすがは子供、ただ太陽が大好き。

そういえばSMAPが解散するかも、という時、松任谷由実さんがラジオでこうおっしゃっていました。「脚光を浴びた人間は、闇もそのぶん引き受けなくてはならないという運命があるんですよ」（↑ここ、ソックリな声で読んでください）。さすがなコメント。今思えば、私はよっちゃんに、うっすら感じていた自分自身の闇を引き受けてもらってたのかもしれません。あのよっちゃんが身体をよじって笑っている、という光。クラスでよっちゃんを笑わせてみたい、と思ってる人は多いけど、爆笑させたのは今日も「私だ！」という優越感にひたり、しょっちゅう、（明日はこんなことを言おう）とか、（こんな言い方をしてみようかな。フフフ）などと、空想することも好きでした。人生というものはいつも、妙なところで平等にできてるもんですね。

ところがです。よっちゃんは、だんだん笑いに厳しくなってきました。明らかにまあまあのセンでは笑わなくなって、本当に面白いと思った時でないと笑わない。

いつか、こんなことがありました。ある夏の日。二人で空き地に行き、バレーボールのトスやパス、レシーブの練習をしてた時、（そうや！　名古屋の水族館でいつか見た、あのオットセイみたいな変な鳴き声を出しながらボールをレシーブしたらどうか？　きっとウケる！　間違いない！）と、私は思いついたのです。そこで「オットセイレシーブ、オウッ！　オウッ！」という鳴き声とともに、ボールをひょうきんに受けてみました。ところが、期待とは違って、1ミリたりとも笑ってないよっちゃん。（アレ？　聞こえてなかったのかな）と思った私は、もっとオーバーになりきってみることにチャレンジ。額には汗を感じるほど一生懸命、今思えば生涯、最初で最後の立派なオットセイを演じたのですが、結果はザ・シーンでした。

当時、まだそんな言葉はありませんでしたが、これが「スべってる」という状態。初スベリ。思い返してみると、よっちゃんがよく笑っているのは、私が何気なしにしゃべってる時。それなのに、懸命に加工してもっともっと頑張ってしまった。私は（自分が汗をかくほど必死に頑張りすぎると、笑いは消えていくんだな）と、この時ハッキリと悟り、この基本ルールは盤石となりました。

こういう職業についてからも、ライブなどで同じように感じることがあります。ウケたい思いがあんまり前のめりだと、それが邪気になるのか、一番大事なネタの旨味が消えてしまう。お鮨《すし》屋さんで、凝りすぎた切り方のキュウリを見た時のように、食欲がなくなるのです。ほどほどに力は抜いておかないと。私はスベりながらも、そんなことを学びました。

清水治先生

高校の頃、エッセイが流行り出しました。それまでになかった、小説とも随筆集とも違う、ただ「今の気持ち」を書いていくという軽快さが、ものすごーく新しい世界に感じました。落合恵子さんや庄司薫さんのエッセイシリーズのヒットもあり、私も影響され、勝手にノートにエッセイを書き出しました。こんなことを感じた、とか、〇〇先生の一日予想など。ネタっぽさもすでにからめておりました。

もちろん好きに書くのは自由ですが、翌日学校に持って行ってはクラスの子に「読む？」とこっちから聞くのですから、今思うとめちゃめちゃ恥ずかしいことをしてたものです。断りにくいなんてもんじゃないですよね。書きあげたという喜びのあまり、読みたくない人など見えてなかった模様。今もこうして気持ちを文字にしてちまちまと書いていくことは大好きです。

自分で書いた言葉が、生まれて初めて活字になったのは、忘れもしない小学2年生の時でした。通っていた小学校で、1年生から6年生までの児童の書いた作文や詩を選んで、「銀の鈴」という小冊子に掲載してくれたのです。私はこの冊子がうんと好きで、夏休み前にもらえるのが楽しみでした。家でゴロゴロしながらそれを読みふけり、(ほう、あの子はこんな詩を書く一面があったのか)とか、(あの先輩のここの描写は上手だなあ)とか、(あの子はこんな複雑な家庭だったのか、それなのにえらいなあ)など、普段知らない友達の意外な横顔を知ることができる、貴重なものでもありました。

また、なんといっても自分の文字が「活字」になるのは、今と違って、すっごいことだったのです。もはや小さな事件です。私はいまだにその時、何をどう書いたかまで、よく覚えています。というのは、選ばれた喜びと同時に、悔しさも芽生えたという世にも珍しい瞬間だったからです。

中身は、テストで100点を取った時の気持ちを詩にしたものでした。そのテストをばあちゃんに見せると、「よかったな」と褒めてくれ、小遣いに五十円玉を渡してくれたので、その穴からばあちゃんの顔をのぞいてみた、というシンプルなもの。ところが、「銀の鈴」を楽しみに広げてみると、なんと、ラストの2行が子供っぽく加筆されているではありませんか。ガーン。担任は国語の専攻だったので、（これはこうした方がいい）という思いが勝ち、つい書き加えたらしいのですが。

ラストは「まあるい穴から、まあるくみえた」と、いかにも子供らしく、可愛い感じになっているのが、私にはバカにされたような気がして不満でした。せっかく載ったのに、何度見ても私じゃない私がいる。しかし、勝手に書き加えられて怒ってるという私に、なぜか両親はめっちゃ笑ってたので、まあよし、としました。理屈を超えて笑い飛ばす、ということは本当にあるのですね。

さらに最悪だった思い出もあります。それは、小学4年生の時のこと。私は普通のノートとは別に「おもしろノート」みたいな一冊を持っていて、そこに4コマ漫画や、女の子のイラストや落書きなど、無駄なことを描いていたのですが、それを友達が見て笑ってくれることがあり、（将来は漫画家になりたいかもしれない）とまで思っていました。そんなある日、一度、エッチなシーンを描いてみました。すると大・爆・発！　といってもいいほどのヒット。ヒットというか笑いではなく、「ミッちゃん、なんかすごい！」と、女子たちが（いいの？）みたいな、目がキラキラと尊敬に輝いているのがわかったのです。声に出さないキャーッという、悲鳴みたいな感じ。(あ、こういうのそんなに喜ぶ? 子供だねぇ)と思い、でもしょせんは小学4年生、性的な詳細などはよくわからないまま、好評につき第2弾として、女性の胸や、ムヒヒと喜ぶエッチな男、あえぎ声をそのままただ描いたりしてみました。ドラマなどで得た知識全開です。

ところが、うっかり机の上に開きっぱなしにしてたそのノートが、当時の担任、清水治《おさむ》先生に見つかってしまいました。清水先生は人格者的な存在で、児童の誰にも温かく、もちろん私も大好きで、みんなから尊敬されていました。清水先生はそれを呆れた顔でながめ、「放課後、先生んとこ来なさい」とひとこと。私は顔面蒼白《そうはく》でした。

そして先生は、ノートを開いたままで私に返し、こう言いました。「おまえな……」「はい」「情けないよ。いっぺんこれ声に出して読んでみ?」私はしかたなく、「あ、あっはん、うっふん、」と、小さい声で口に出しました。「な? 恥ずかしくて、堂々と読めないだろ? 口にして恥ずかしいようなことは、書かないこと。わかった?」と言われました。なんていい注意の仕方でしょうか。身に染みた。隠れてこの二人のやりとりを聞いていたよっちゃんだけが、クスクス何度も笑ってました。「読んでみ。あっはんうっふん！　やて！　ハハハハ！」と、このやりとりを何度繰り返してくれたことか。

友よ、今はそうやって笑ってくれ。笑い声で私をどこか遠くまで洗い流してくれたまえ。と、すっかり意気消沈し、反省した私は、それから半世紀ほど過ぎた今も、エロいことはいっさい書かないようにしているのです。

高山にカンカコカン

私が生まれて初めてテレビに出たのは、NHK「みんなのうた」。小学4年生の時の大事件でした。当時「高山にカンカコカン」という歌の中で、高山の子供たちのイメージ映像を作るということになり、なぜかウチの町内に住んでる子供たちは出るように、と声がかかったのです。

「カンカコカン」というのは、高山祭の一つ、「闘鶏楽《とうけいらく》」の別名で、子供たちが鳴らす鉦《かね》の響きに由来するもの。ですがこの撮影は、私たちにとってはもはや、本物の祭り以上に「祭り」。2日ほどかけての収録だったように思うのですが、いちおうリハーサルなんかがあり、略して「リハが」などと話してるスタッフさんが、（それっぽいなあ）とカッコよく見えたり、橋の上から川をのぞいて、魚なんかを見つけて指さす子供A、なんてのに指名されただけでもドキドキし、はしゃいでいたものです。よかれと思って小芝居もつけてました。向こうとしては高山の子供たちが歩く、という自然な光景が欲しいだけなのに、私たちは（もっと子供っぽい元気さを！）などと足を膝以上に高くあげ、さも子供っぽい笑顔でスキップしてみたりして。さすがにこのスキップシーンはカットになってましたが。「街を歩く子供たち」である私たちは、半分は本当だけど、半分はお芝居、という世界が新鮮だったんですね。

そしてそんな子供のはずの私たちが、カメラが回ってない時に、ちょっとコナマイキな、大人顔負けみたいなことを言うと、スタッフさんが笑います。ありがちな光景ですよね。これは男子が上手で、私も何か生意気なことを言いたくてたまりませんでしたが、なかなか思い浮かびません。さあ、撮影はこれで全て終了という時、全員がいっせいに「さようなら〜！」と挨拶する中、マーランという男の子が、ディレクターさんに大きな声で「で、ギャラなんですけど〜！」と手を出し、すぐに母親に叱られてたのを覚えています。（そんな言葉、よく思いついたな〜）と羨ましかったものでした（↑間違ってますが）。

子供って、常に大人に驚いてもらいたい、笑ってもらいたい、認めてもらいたいところがあるんですよね。そのくせ、子供っぽく演じるのも好きです。時々、子供っぽさをより演出してくる子供を見かけると、（ああ、あの時の自分たちもそうだったな）と、思い出すことがあります。大人はこういう子供が好きなんでしょ？　という変なサービス精神がありつつも、実は子供っぽくいること＝保護される、可愛がられる、という安心感に包まれるのでしょう。

そういえば平成の時代、自分のことを、いつも「ボク」と呼んでいる女性タレントがいました。「ボクはねぇ〜！」などと元気いっぱいでしたが、これもきっとその一種なのでしょう。ただやはり自分に少年っぽい演出ができるのは、せいぜいが10代まででですね。それ以降はキツい。さすがに最近は自分を「ボク」と呼ぶ女性タレントは少なくなりましたが、名前での自称、「リカの場合はあ〜」というのはまだ生きてますね。こっちは子供っぽさに俗称希望（こう呼んでね）も、まとってるように思います。

さて、子供時代に限らず、誰にでも備わってるのが他者への「承認欲求」ですが、なぜか日本人は根が深いようです。ウィキペディアで調べてみると、「日本人は『周囲から認められなければならない』『期待を裏切れない』という切迫した感覚に陥りやすく、それが過激な動画の投稿、パワーハラスメントやいじめ、不登校、過労死、企業不祥事などの社会問題を引き起こす場合がある」とのこと。知らず知らず、承認欲求の深みにハマると一生疲弊しそうです。しかもけっこう複雑で、ただ褒められたい、認められたいというだけではなく、「下位承認」といって、「自分は弱い人間」「ダメなヤツ」と誇示したがるという逆パターンもあるのだとか。責任回避や現実逃避がしやすくなるのでしょうか。

マルチ商法も、実は承認欲求を悪用されることが多いと聞きます。「○○さんがこの会に来るとみんな、喜びます！」「なぜ来なかったんですか？　寂しかった！」など。私の古い知り合いにもずっと昔、こんなことがありました。ホストクラブにハマったらしいのですが、「あの店でお金を使うことほど気持ちいいものはない！」とのことで、店内で「○○さんからシャンパンいただきました！」と叫ばれ、みんなの喝采の中、名前を連呼され、ライトが回ると、幸せで本当にクラクラして泣きそうになったそうです。まずいのは、隣でそれ以上の巨額を支払い、拍手喝采のお客を見た時で、とたんに強い嫉妬が渦巻き、もっと負けない金額を使いたくなると。恐ろしいですね。

今はすっかり魔法が解け、彼女は幸せな結婚をしていますが、いつのまにか承認欲求をうまいこと使われるワナは、どこにでもありそうです。そして私たち日本人はそこが弱くできているというのですから、普段から自分を自分で認め、ちゃんと大事にしてあげたいものですね。そういえばホストクラブって、海外ではあんまりうまくいかないらしいのは、そこか。

大阪万博～星の王子さま

生涯で一番忘れられない旅行。私にとってそれは、小学5年生の時の、大阪万博です。

親子3人での旅でしたが、まず到着した大阪が、すごい都会だったことにビックリしました。大阪に関する知識が、吉本新喜劇の中にしかなかった私は、名古屋より気さくで、大衆的な街だとばかり思ってたのです。人々はスマートで、万博という大イベントを横目に、そう驚きもせず平気そうに歩いてる大人たちもカッコいい！と思いました。しかも、いざ入った万博の会場では、全てのパビリオンが「ようこそ、君の未来は輝いてるよ！」と話しかけてきました。あの当時はどの子供の耳にもそう聞こえたはずです。私は（ここにあるもの全てに意味がある！）と、それまで味わったことのない、不思議な感激を覚えました。

またこの当時は、外国の方を見かけるのも珍しかった時代で、私は会場で出会った可愛いブロンドの髪の少女にサインをしてもらいました。今思うと、もらう方ももらう方だし、する方もする方で笑ってしまいますが、その子も（あなたも欲しいの？わかったわ）という感じで、私の背後でもまた、ほかの小学生たちがその子にサインをねだってたので、よっぽど可愛い子だったんでしょう。こんな小さなこと一つとっても、（こうして世界は一つになれるんだな！）と、平和な感動でいっぱい。（ようこそ、日本へ！）という気持ち。何もしてないけど。

お昼ごはんは、長い列に並んで「フランス館」で食べることに。プレートに載った、フランスパンにサラダやチキン、イチゴのゼリー。両親が二人で「まっず！　パッサパサ！」と言って笑ってました。この夫婦は不運なことに遭うたびよく笑っています。そして二人でプレートの料理を食べたりながめたりしては、何度も「まずいなあ。どうやったらこんなにまずいもんが出せるかなあ」と言うので、私は係の方に聞かれるんじゃないかと思ってハラハラしました。子供にとってはこの素晴らしい空間に比べたら、味なんてホントにどーでもよかった。それより、そんな言葉でこんなに大事なこの思い出を汚さないで欲しい、と願うばかりでした。

会場を出たあとも、着いたホテルが「ショボすぎる」と、また親が口を揃えて文句を言いあってるのを見て、（かわいそうな人たちだ、あんないいものを見たのに。すぐに不満を口に出す）などと思ったものです。しかしながら大人になった私はどうかといえば、旅行に行くたびに（できるだけおいしいものをより多く口にしたい）（ボロいホテルはイヤ）（いい写真を撮りたい）などと考え、昔のような、「目的が素晴らしければ、あとは何もいらないよ！」という純粋さは、カケラもなくなっているのでした。

私にはコドモ（ムスメ）がいるのですが、小さい頃は『星の王子さま』が好きで、膝の上で広げては繰り返し読んでました。私には昔から何度読んでも意味がよくわからず、（正直、この本はどこがいいんだ？）と、思っていました。その本の意味するところを、たまに調べてはいたのですが、先日、ネットで簡単に納得する機会がありました。

まず、王子さまの「大人はかわいそうだ」というセリフがあります。大人になると、自分のことだけしか考えられなくなり、人から見た自分だけを大事にする。学歴や、どのくらいの金持ちかなど、数字を基本にしてしか物が見えなくなっている。だからかわいそうだと、王子さまは言っている。生きがいは実は自分以外のところ、友達の中に、生き物の中に、見えないところにいつも存在しているのだ。というような内容でした。大人になるといつのまにか、外側への興味を失ってしまう、ということなんですね。王子さまが出会う王さまや実業家は、大人の象徴なのでした。

そこでふと思い出したのは、映画「千と千尋の神隠し」です。オープニングで千尋の両親が一心不乱に「うまいもの」を食べているシーンがありました。千尋はその気持ちがぜんぜんわからない、というか、（なんで今食べる？）と、かなりヒキ気味でいるのですが、私はその親の背中が、まったく自分たちを見ているようで、映画館で隣で一緒に観てたコドモに、ふと恥ずかしいような気持ちになりました。「ママみたい」と言われなくてよかったです。私も万博の頃までは、星の王子さま状態でいられたというのに、いつのまにか食い倒れ人間になってました。出かけた先でうまいものに夢中！という姿は、どこでも大人の象徴のようですね。そして主人公である子供の千尋は、確かに、常に外側だけを見つめていたのです。

楽しかった大阪旅行は、純粋だった私に忘れられないインパクトを残しました。その後はどんな「○○万博」とつくものに行っても、大阪万博の比ではない、と思うほどです。

ところが後日、私にとって気落ちする運命の急展開となります。学校から帰ると母が、「美智子はお姉さんになるよ」と言います。母が妊娠したと言うのです。

（イヤだ！）私は叫びたいほどでした。ダメ絶対！　私一人のものだった親の目が、愛情が、全部そっちに注がれてしまうのではないか。まずい。なんとか生まれませんように、ああ神様、この家に子供はもういるので結構です。なんとかなりませんか。寝る前にそうお祈りしました。

弟の誕生は、次回にお話しします。

清水一郎

自分だけの両親でいて欲しい、一人っ子がいい、と思ってた私の人生に、ついに弟・一郎が生まれてしまいました。出産の翌日（ああ、やだな〜。弟なんか欲しくなかったのになあ〜）と思いながら、気持ちも足取りも重く、しぶしぶ病院の部屋の扉を開けると、そこにはすやすやと静かに眠ってる赤ちゃんが。私はビックリしました。（あれ？　なんて可愛いのだ。え？　これウチにもらえるの？）

そうです。私の母性本能もまたその日に爆発し、誕生したのでした。弟が生まれたのは1971年の12月25日で、クリスマスの夜に生まれるなんて、この子はついてるぞ、運がいいぞ、と思ってましたが、じっさい、弟は運がいいところもありながら、性格も明るく、すくすくと育ちました。

ちなみにこの頃は、なぜか父が姓名判断にこだわり始めた時期でもありました。すぐ熱中する性格で、どうやら字画と運命は密接に関係するらしいぞ、と言う喫茶店のお客さんからの影響を大きく受け、ニュースで犯人の名前が出れば、すぐ画数を数え始め、「〇画かー。ああこれは悪いわ」などと一人で計算、納得し、ご近所の方の名前なども占いの本を片手に、勝手に見てあげてました。

そしてもちろん、ウチに生まれてきたこの新生児の名前の画数もよーく数えていました。「これがいい。一郎。清水一郎」イチロー？　平凡すぎ。没個性。私は一文字の名前（学とか誠とか）が流行りでもあり、カッコよく見えてたので反対でしたが、母もそれを聞いて「私も一郎って名前は好き。普通が一番いい」と言って、二人で一郎という名前にあっさり決めてしまいました。私は一郎だなんて、銀行の記入例に書いてありそうな名前みたいでかわいそう！　と思ってましたが（失礼だろ）、実は本人も気に入ってると、あとになって知りました。

それにしても変な話、名前というものは、だんだんその本人がイメージに寄せて来るものなんでしょうか。成長するに従って清水一郎、という名前が弟にしっくり&ピッタリ似合ってくるようでした。むしろ姓名判断よりもこっちが不思議です。まるで、（名前をそうつけられたなら、一郎っぽく生きることにしましょうか）と、当人がそのセンで行くのを決めていくかのようで、今では（この人にそれ以外の名前なんかなかったんじゃないか）と思えるほどです。ザ・清水一郎。

　そんなわけで、私は友達と遊ぶ時も母に頼んでおんぶして出て行くほど、この子を可愛がったものでした。母は「おんぶなんてみっともないからやめて」と言ってましたが、やめませんでした。ついでに書くと、親の前では、歌やモノマネなど恥ずかしくてできないものでしたが、弟の前なら平気。なので長年にわたり、「聞け」とばかりにしょっちゅう好き放題、歌ったりしゃべったりしていました。しかもだんだん大きくなってくると、10秒ルールみたいに、「あそこのティッシュの箱取ってきて。では10、9、8……」と、カウントダウンを始めると、慌てて取ってくる弟。使いやすい。洗脳とはこのことでしょうか。可愛がった、というのは名ばかりで、どこかの相撲部屋の「可愛がり」に似ていたかもしれませんね。そういえば、姉のいる環境に生まれた男性は、結婚が長く続く。女性に対しての期待値が低く、もともとあきらめがついてるから。と聞いたことがあります。失礼しちゃうわね〜。

　ところで、そんなに可愛く思ってきた弟もすっかり大人になってしまった今では、時々フッと寂しく感じることもあります。というのは、勝手なもので、あのヨチヨチ

してた男の子の姿がもうすっかりないからです。もう会えないんだなあ。いったい、
いついなくなったんだろう？　成長する弟の背後で、そーっと少しずつ消えていった
かのようで、どう考えても変な感じ。早く大きく成長するように願ったはずなのに、
いざ大人になると、もう抱っこもおんぶもできないし、私を見つけても、走ってきた
りはしゃいだりしない。なんか言うと論破され、軽蔑されるという始末。
　今、これをお読みくださってるお母さん方が、育児で悲鳴をあげている最中だとしたら、私はこう言ってあげたいです。ずうっと世話しなくちゃ、と思ってるかもしれないけど、その子、すぐいなくなっちゃうんだよ〜っ!!　フワッと消えちゃうんだよ〜!!　って。育児の時間は、想像よりもあっという間に終わってしまうものなのです。しかも、むこうはこちらの（これだけ一生懸命やった）というさまざまなことなど、1ミリたりとも記憶にありません。人間はそのように生まれてきているらしいのです。なので感謝されることも期待しないかわりに、手抜き育児でむしろ大丈夫。悩むほど一人で抱え込まないようにね。と、これは自分のコドモの育児の時にも思ったことであります。

ザ・ドリフターズ

小学生の頃のことです。あの「ザ・ドリフターズ」が私たちの教室にやってきました。

と、書くと嘘になってしまうのですが、半分は本当だと思える。それくらいに、すぐ近くに来てくれた存在でした。テレビで見る芸能人はたくさんいるけど、あんなに子供にとって身近に感じられる存在はそれまでに一人もいなかったと言ってもいい。大人なのにふざけている。そして、大スターは普通、カメラ目線ではあるけど、決してこっちを見てはいない。でも、ドリフターズは「よお、一緒に遊ぼうぜ!」と、同じ目線で私たちに話しかけてくれるように思え、親しみの湧き方がぜんぜん違いました。

土曜日の夜8時になると、約束どおりにあの5人が茶の間にやってきて、思いっきり笑わせてくれる。心からシビれました。もちろん私だけの大ヒットではなく、クラスでもめちゃくちゃ流行って、「あの時いかりやが」「そんで高木ブーが」と、名前など呼び捨てで、それぞれが面白かったシーンを口にし、一緒に思い出してまた味わう。

そんな中でも特に、加トちゃんの「ちょっとだけよ」は、放課後モノマネする男子＝即・その場を制する人気者、となったものでした。「タブー」という、ラテンナンバーのトランペットに乗って、照明が妖しげなピンク色に変わり、加トちゃんがストリップ嬢になりきるというコント。「ちょっとだけよ」という決めゼリフとともに、それはまさに彼の独壇場で、私たちは圧倒的に魅了されました。子供が見てはイケナイ雰囲気が充満してたのが、またほどよくスリリングでもあり、子供たちはみんな「待ってました！」という空気だったのです。そして、その一部始終を、教室の後ろで再現してみせるSくんには、私だけでなく、みんながやはり「待ってました！」であり、ゲラゲラと腹を抱えたものでした。

しかし、私は時々、それを見てちょっとした違和感を覚えていました。（もしかしたらSくんは、裸になるマネをするってことのみを面白がってるんじゃないか）と。私が注目したのはそこじゃない。加トちゃんの表情です。おそらく彼は、どこかでプロの踊り子さんを見て、その場ですっかりノックアウトされた。そういう経験がじっさいにあったからこそ、その踊り子さんのことを心から尊敬して、感激したからこそ、あの表情があんなに克明に刻まれてるのだ。勝気で挑発的で、自信にあふれた表情。そこがキモなのに！　あそこがいいのに！　体育みたいな、ストリッパーの動きだけでやりこなそうとするSくんを、私は（違うのにな）と、思ったのです。そして、（ハッキリ言ってSくんは、子供じみてるんだわな）と、説明しようのなさを感じてました。イヤな子供。

しかし、（ああ、自分だったらもっとこう）とは想像できるのですが、えらいもので瞬時に（出てはダメだ）というストッパーがかかりました。女の子がそのマネをすると、間違いなくみんなが「ヒク」のがわかったんですね。ヒクどころではない、それまで楽しかった空気を、一瞬で凍らせる大惨事に至ったことでしょう。この時ほど（自分が男に生まれてればな！）と、悔やまれたことはありませんでした。後悔の方向がやや間違ってはいますが。

「でも、最近ではお笑いも男女平等ですね」みたいなことを言ってはみたいものですが、もしかしたらお笑いの神様がそもそも男性なんじゃないか？　という根っこは、そんなわけで昔から感じてました。どこかが決定的に違う。お尻を出せるか出せないかの違い、お盆一枚の裸で、人前に立てるか否かの違いというフィジカルなものが大きいのでしょうか。またたとえば、舞台に女性が一人、黙って真ん中に立っている、と想像してみましょう。すると、何かあったのかな、と客席側は一瞬ちょっと止まって考えたりしてしまう。ところが男性が同じようにただ立っていると、なぜかそれだけでどことなく面白くなるというか、笑いたくなる、という利点があります（利点って何）。どこかしら男性には、もともと滑稽さが備わってるんですかね。

また、「ひょっとこ」と「おかめ」のお面なんかを見てると、やはりひょうきんな表情は、男性の方が向いていそうだし、それを見て笑うというおかめ顔があって、平和な完成形となっています。現在でも、あらゆるお笑いの会場で、それは寄席にしたってそうですが、いつも女性客の方がなぜか多い、というのもどこかうなずけます。女性の方が笑うのに向いているというのかな。今から思えば、ドリフターズにはそんなことも、私は勝手に教わったのでした。

観光客ごっこ

中学生になろうとする頃から、「Seventeen」や「an・an」や「non-no」という、オシャレ系の雑誌が流行りだしました。といっても、高山にはブティックなどは数軒しかないので、思いどおりにはなりません。

当時の街の子供たちにとっての憧れは「しんみょう」というお店。季節ごとのウインドウの飾りつけのセンスのよさといったらありませんでした。今だったら「映《ば》える」というヤツで、ケータイのなかった世代は、目に焼き付ける、ということでしっかりそのよさを身につけたものです（↑負けず嫌い）。

ここで洋服を買ってもらう時は本当に嬉しかったものですが、もっとお金持ちの女の子は「あ・らみや」という洋裁店で、サイズを測り、好みのワンピースなどを仕立ててもらいます。このお店の「あ」で一度切るネーミングからして、もうシャレてる！　と思ってました。「あらみや」ではなく、「あ・らみや」と「あ」を冠詞のようにつけた小さな遊び心よ。「おお、あ・らみや〜」（と、フランス語風に）。今思えば、街も羽振りがよかった時代なんでしょうか。

　洋服の仕立て屋さんは、紳士服に限らず街にたくさんあって、流行の先端の一着を買ってもらうよりも、「これ、仕立ててもらったの」という服は、生地の質のよさがハッキリ出てて、クラスでも一枚上、といった存在感でした。ただし質がよすぎるのか、子供には「老けて見える」というのが、どうしても欠点だったのも覚えています。風格・気品みたいなものが、本人を凌駕《りょうが》してしまうんでしょうか。どこかのミニ「ざーますおばちゃま」みたいに見え、小中学生なのにフケ感が取れない人もいたのです（↑スケ感、ヌケ感みたいなテイストで読んでください）。それもあってか、（自分もいつか、「あ・らみや」で仕立ててもらうんだ）という気持ちはまったく起こっていませんでした。遠い世界に暮らす、優雅で静かな貴族たちの遊びのように、自分とはまったく別世界だと思え、それより私はいつか「しんみょう」で、値段に怯《おび》えることなく買い物してみたい！　と願ってたのでした（カワイソ）。

　ファッションと言えば、連休や夏休みシーズンなどは、街を訪れる観光客の服装に注目する楽しみもありました。昔はアンノン族と呼ばれた若者たちが「ディスカバー・ジャパン」という言葉とともに、田舎を旅するというのが流行ったのです。そこで目立ったのが「サロペット」と呼ばれた、つなぎのようなオーバーオールのようなジーンズや、絞り染めのTシャツ。CMなんかのイメージも手伝って、いかにも旅するファッション、というテイストだったのです。当時の若者は外国人、特にヒッピー系のアメリカ人に影響され、近づきたい、ああなってみたい、という欲求がどこかにあったようで、そういうファッションにズダ袋というか、デニムで作られたバッグが「気ままさ」を引き立ててくれ、そこには時代の空気が集約、象徴されているかのようでした。「FREEDOM」とか、「PEACE」なんて手書きで書いてあったりして。

さらに、よく見てると観光客というものは、常に驚きたい、盛り上がりたい気持ちにあふれているのか、「わ! リンゴジュースだって!」「見て! レンタサイクル!」「お好み焼きだあ〜!」など、都会にもありそうなものでも、驚きの連射をしたがっているようでした。

その姿には旅の始まりの興奮や喜びがあふれており、当然のごとく、(一度、私もアレをやってみたい）そう思い、やりました。というのは、思い切ってよっちゃんを、「今度の日曜日、一緒に観光客ごっこをやろうよ！」と誘ったのです。観光客のようなファッションで出かけないかと。帽子は麻のチューリップハットで、Tシャツにサロペット、ナナメのポシェットに、靴はサボみたいなサンダルで、できるだけお揃い系、など、あらゆるアイデアを駆使します。今思えばよっちゃんもよくつきあってくれたものです。そして、朝市へと二人で繰り出し、「見て！　し・お・せ・ん・べ・いだって！」とか「赤？　かぶ・の・お漬物？」「焼き味噌って、なんだろうかあ〜？」など、まるで初めて見るような新鮮な気持ちで歩きました。しかもわざわざ標準語を使ってるのが味噌。あ、ミソです。ものすごくなりきってました。都会人への憧れ全開です。あー恥ずかしい。

でも、こんな芝居でもいざやってみると、「高山の朝市」というものを新鮮な目で見ることができたので、拾い物でした。これホント。しょっちゅう見てる光景なのに、川のきらめきや澄んだ空気、素朴な朝市のおばさんの声など、本当に初めて見たような思いがして、わあ、すっごくいい街だなあ、なんてしみじみ思えてきたんですよね。

住んでる街というのはすぐに見慣れてしまうけれど、自分を変えて、違う目線で見てみると、また発見があって、個性が伝わってくるんですね。どうですか、観光客ごっこ。後継者がいまだにいなくてねえ。次回は外国人観光客になりきって、散策してみようと思います（もういい！）。

応援演説

中学の時、一学年先輩の優等生、大前くんから「放課後、話がしたいんだ」と呼び出されました。「ボクとつきあってください」と言われた、と書きたいところですが、残念ながらそうではなく、「ボク、今度学校の生徒会副会長に立候補したいと思ってるんだけど、清水に応援演説を頼めないかな」とのことでした。

その当時、どういうわけか学校の生徒会では、説得力があって意義のある演説よりも、いかに生徒たちからウケるか、笑いを取れたか、という候補者が人気となり、選挙で選ばれていたのです。

私は軽い気持ちで引き受けました。（私みたいな者によく声かけてくれたなー）と、嬉しかったです。大前くんの人柄のよさを伝えるのに、ああも言ってみるか、こう面白くして言おうか？　などと考えていたのですが、いや、きっと一番ウケるのは、当時地元で大人気だった、つボイノリオさんのラジオのコーナーの引用ではないか！とひらめきました。完全に人のネタです。ラジオでは、リスナーから送られてきたハガキを、いかにもきれいな音楽の中、女性アナウンサーが、ロマンチックにきれいに読みあげる。それなのに、その文章はめっちゃ汚い、気持ちの悪い内容というもので、そのギャップがものすごくおかしかったのです。

私は自分なりにアレンジし、「朝日にきらめきながら、私の一滴の鼻水が、いま床に落ちようとしている」みたいな文章を、詩の朗読のように発表しました。大前くんのことは後半にほんの少しからめた程度でしたが、しばらくすると、体育館にいる大勢の生徒たちが笑っている、というよりも腹を抱えながら、前後に揺れているのが見えました。拍手の中、おじぎをして立ち去る時、私は下りて行く階段の一段一段の木目を静かに見つめながら、とんでもない快感にクラクラきました。その思いは強烈で、着席して、ライバルの演説を聞いてはいるのですが、私よりウケてた人もたくさんいたというのに、まだその感動が消えませんでした。

そうしていざ、午後からの投票結果では、大前くんが圧勝したのですが、私にとってはもはやそれすらも、小さいことのように思えてきました。それよりもっとすごいことが自分の中に起きた、という恍惚。当選した大前くんよりも、色んな意味でずっと自分の方がおめでたかったという。

もしかしたら私は、いまだにこの体験が忘れられず、今の仕事に至っているのかもしれません。生徒としては特によい子でもなく、かといって悪い子でもない、パッとしない存在だったので、それだけに余計にこの体験が衝撃だったのかもしれませんが。これがもしも、犯罪的な行為をして強く感激していたら、一生そこにとらわれているのでしょうか。そんなことも考えてしまいました。たまたまウケた、ということだけでよかったですが、脳における強い興奮や刺激は、薬物依存にも似て、けっこうおっかなさと紙一重なものがあるようです。

「ハート・ロッカー」という戦争映画を観た時のこと。戦地に行った主人公の生々しい姿や、過酷な兵士たちの運命に、こっちまでヘットヘトに疲労させられました。戦争反対！　と、謳《うた》う映画はたくさんありますが、これはもっと心理的に残酷な作品でした。

戦争が終わり、主人公は地元に帰り、やっと普通の生活にもどれます。ところが、その幸せで平穏な日々に、どことなく心が満たされないという顔をしてるのです。セリフは特にないのですが、すっかりシラけてるムード。このへんで（あれ？）と思わされます。帰還して、さあハッピーエンド！　ではないのか、と。彼がスーパーで買い出ししているシーンなんて、ものすごく退屈そうな感じが背中から出ていました。主人公は、すっかり戦争依存症になっていたんですね。そうしてラストは、再び戦場に出かけて行く主人公。どこか幸せそうなところが一番の恐怖です。あんなに過酷な戦地のはずが、脳の刺激がなくなれば、普通の生活はつまらなく感じて、もっともっと、と欲しがってしまうという、底無しの恐怖。人間って何なのだ。

ただ、ちょっと芸能にも似てるところがあるかもしれません。刺激を受けているあいだは幸せなのだけど、ライトが当たらなければ、自分が消えてしまうように感じ、日常のささいなことにも関心が持てなくなり、楽しめなくなってくる。自分をしっかり持ってないと、これもまた隣り合わせの怖さがあると思うのです。

芸能界依存、という言葉があるかどうかは知りませんが、拍手や笑いは、人に快感をもたらします。ライブでのデビュー当時、永六輔さんの紹介で知り合えた、芸人のマルセ太郎さんに、「あんたこれからどうするんだ」と聞かれたことがありました。「ライブを続けてみて、イマイチになったらやめようと思います」と言ったら、「無理だね」と一蹴されました。「こっちからはやめられないんだ。一度知った（ウケた）快楽ってのは怖いもんだよ」とのことでしたが、その言葉に妙に気迫があり、（依存はしないようにしよう）と、深く心に刻んだのでした。

高校受験

高校受験に失敗しました。ショックでしたが、実は私自身、そうなることは受験当日からわかっていました。

なぜなら、なんと私は受験当日、あまりのプレッシャーに気負けし、半分ほど解答したら、あとは用紙を裏返しにして伏せてしまったのです。怖くて身体が震え、もはや読んでも字が入ってこない。問題を理解しようとするだけでも動悸が激しくなります。みんなのエンピツで書くサラサラという音だけ聞こえてきて、清らかできれいな音だなと、のんびり思いました。私は死んだのに。幼い頃の鬼ごっこのように、現実を見ずに目をつむって。

先生から「ここなら大丈夫だろう」と言われてた志望校。それなのに当日になると、みるみる恐怖で低体温。誰がどう言おうと、自分なんかが合格するわけがない、親を悲しませるんだろう、正解が書けるはずがない、という合格とは真逆の姿を、およそ半年ほどかけてずっとイメージしてきたようなところがありました。悪いことしか浮かばなかったのです。

しかし、一番の災難は、親友だったよっちゃんでした。というのもその当時、彼女は地元で一番の進学校を受験する予定だったのに、途中からなんと「ミッちゃんと同じ高校に通いたいから、同じ高校を受験する！」と言ってくれ、わざわざランクを下げてくれたのです。私は落ちるわけにはいかなかったのです。それなのに、半分解答したらあとは問題も読まなかったなんて、誰にも打ち明けられませんでした。よっちゃんは結局、それほど行きたくもなかった高校へ一人で通うことになりました。

合格発表の日、家の中は静まり返りました。母は何度も私を「どこの高校へ行くかなんてのは、人生で小さなことや」となぐさめますが、狭い町ではそうも思えないし、まさか半分真っ白で提出した、などと本当のことは言えません。父の顔を見たら、目が真っ赤だったのにぎょっとしました。泣いてたのではないか。そんなに傷つけてたのか、と、自分のふがいなさを改めて知りました。私は大声で叱られるかとばかり思ってたので、不器用になぐさめようとしてる父の声が、余計ショックでした。

翌日、よっちゃんのお母さんと会った母。高校の話になると、「あの子はミッちゃんと行けないって、泣いてばっかりやった」とのことで、私は自分の臆病と怠慢とで、どれだけの人を悲しませたのかと、ほとほと自分がイヤになりました。しかし、たとえ過去にもどったとしても正直、同じことをするんじゃないかな、とも想像しました。私にとっては反省できるような感覚じゃなかった。そのくらい、湧いてきた緊張と不安感はハンパなかったのです。大人になったら変わるんじゃないか、直るよね、と軽く考えていたのですが、人の性分はやすやすとは変わらないものでした。

とあるバラエティ収録の前日。明日が本番だというのに、どうしてもネタをやりたくない。できる気がしない。面白いわけがない。シラけるのが目に見えている。胃も痛くなってきた。そうだ、かえって迷惑をかける前に、休ませてもらおう。と、数十年の時を経て、また私のヘタレが発動したのです。それを告げると、マネージャーらは「大丈夫、リラックスして」「うまくいくよ」などと、なだめてくれますが、非常事態に赤信号点滅中の私には（何もわかってないクセに）としか思えません。自分の勝手な都合で休みたいはずが、いつのまにか世のため人のため、番組のために私は言ってるのに、という詭弁《きべん》にすり替えられています。

その晩、私はジカにその番組のプロデューサーに電話をすることにしました。こうなりゃ直談判しかないわ（そんな勇気はある不思議）。すると、「はははは。いいわけないじゃん」ガチャ。

（あれ？）でした。今思えば、キャリアも長いそのプロデューサーは、おそらくこんな風に本番前に弱くなったり、青ざめてるような芸人を見るのが初めてではなかったのかもしれません。そのくらいどこか慣れてて、驚くこともなく、笑いながら軽く無視されたことで、私も目が覚めたというか、ふいにあきらめがつきました。引っ張りあおうとしたら、すかされたんですかね。

当日は、なんとか乗りきれましたが、当然そう面白くはありませんでした。その晩、私はクローゼットの中にこもり、膝を抱えながら心底こう思いました。（もうこりごりだ）。今日はたまたま無事に終わったけど、私の持つこの爆弾は、これからも変わらずくすぶり続けるはずで、いつあの恐れと怠惰がセットになって火をつけるかわからない。同じ失敗をしては、クヨクヨする一生はもうイヤだ。どうにか克服できないものか。とまあ、すっかり反省したわけですね。変わるんだ、と初めて決意しました。

翌日から、図書館や書店に通い、心理学やメンタルトレーニングの本を探しては、ちまちま読み始めたという。「すぐさま勇気をもらえ、立ち直った！」なんてうまい話はありませんが、長年続けるうちに読まないよりはマシな程度にはなってきました。

それにしても自分の弱い部分というものは、書いてて本当に恥ずかしくなりますね。

これが一番のトレーニングだったりして。

ミックスジュース

受験に失敗して通うことになった、滑り止め校での高校生活は、思いがけず楽しいものでした。さまざまなプレッシャーから解放されたせいなのか、勉強ですら嫌いではなくなってきて、一度英語の成績を先生から絶賛されると、もっと高得点を、と欲も出始め、（なーんだ、やればできるんじゃん。やらなかっただけなんだなあ）と、どんよりと淀んでたコンプレックスも解消できました。

何より私が楽しく思えたのは、実家のジャズ喫茶のアルバイトです。働くってなんて楽しいのだろう、勉強よりもずいぶん向いているなあと思えました。カウンターの中でコーヒーを淹《い》れたり、ジューサーで生の果物を搾ったり、玉子を焼いてサンドイッチを作るのは、本格的ままごとの延長のようだったのかもしれませんが、バイトなりに（来てくれたお客さんに喜んで欲しい、ウチの店を選んでよかったと思われたい）という気持ちも湧いてきて、きっと私は将来もこのカウンターの中に座ってて、結婚などもせず、この店を継ぐに違いないとばかり思っていました。

また、お客さんを勝手に解釈するのも楽しいものでした。お店に入ってきて、すぐ「コーヒー」などと先に注文している人はなぜか、デキる人が多い。おそらく、喫茶店なんかでちまちま悩む時間などかえってもったいない、と、どこかで感じておられるのではないか。反対に、席について「メニューは？」などと探すような人は、メニューを開いたあともまた、時間を要しがち。悩んでやっと決めたとしても、「あ、さっきボク、カフェオレって言ったけど、やっぱりミックスジュースで」など、優柔不断でもあります。

私は（出た、ミックスジュース）と、当時はそう思わずにはいられませんでした。ミックスジュースというメニューほどハッキリしない飲み物はないからです。何かを決めるのに不器用な人が、（では多数決で）みたいな気持ちで背中を押されてしまうのが、このメニューのネーミング。そう、あなたはどれでもよかったんですよ。ベストなど実はないのに、あきらめることもできない。だから冷蔵庫に残った果物の処理にちょうどいいような、こっちにだけ都合いいような物を無意識に選んでしまっているんですよ。何も私だって「ミックスジュースはまずい」とまでは言いませんよ。まずくはないんです。ただ、どっちつかずな味としては、喫茶店業界の歴代No.1です。色んな季節のフルーツを混ぜた結果、どうやってもバナナのテイストが強く残る中に、パインやリンゴがちょいちょい顔を出す、というのが常。誰が作ってもそううまくもないけど、まずくもないようにできる味だから、飲んでる方もきっと、並の喜びしかないのだ、などと思っていました（言いすぎ）。

そのうちに私は、入ってくるお客さんを一瞥《いちべつ》しただけで、（ああこの胃が弱そうなインテリ風。アメリカンを注文するだろうな）とか、（このレトロな洋服の女の子はココアか）（お、この透明感のある知的な女性は、ダージリンかな、紅茶の種類を先に聞くかな）など、オーダーを予測することを楽しむようになりました。同じくバイトでお店にいた、高校は違いながらも同級生である、公《きみ》ちゃんというのも面白い人物で、さらに仲良くなりました。彼女は「テレビ業界の人の、領収書をもらう時のモノマネ。たった300円なのに、すっごいためて、『宛先ね、○○テレビのドラマ班って書いてっ！』最後、声張りすぎて裏返ってる感じ！」など、なんとも鋭い着眼点があり、いまだに会えば笑わせてもらってます。

ところで、一番印象に残ったのは、登山客です。だいたい大きなリュックにニット帽、登山靴の男女が数名でやってくるので、すぐにその団体だとわかるのですが、意外なほど店内ではあんまり賑やかにしゃべらない。そしてまるで決めてきたかのように、人数ぶんのホットコーヒーを注文。その中の誰一人として「さっきの山、最高だったねえ」などと口に出さない。それなのに、顔にはなんとなく幸福感を漂わせながらこう書いてあるのです。（私たち、さっき神と会ってきたんだよな〜）なんてカンジ。そんな充実感がみなぎってて、私はコーヒーをテーブルに置きながら、いったい山というのは登ると何があって、どんな気持ちになるのだろう、と思い、畏敬を込めながらお釣りなどを渡してました。

今でも登山の趣味を持つ人物以上に、しみじみと幸せそうな人を見たことはありません。芸能や旅行、賭け事、ドラッグ、強力な快楽はそれこそ山ほどありそうですが、たいがいピークはすぐに過ぎ去り、長続きはしないものなんですよね。だから私も、いつかは絶対に山に登ってみたいと思っているのです（登ってないんかい）。

ちなみに登山客の方はいつもおいしそうにコーヒーを飲んでくれましたが、おそらくインスタントコーヒーでもおいしく飲んでくれるんじゃ？　と思うようなところがありました。つまりは味がどうのこうのでここに来てるんじゃない、喫茶店に大事なことは、ちょっとした句読点なんだ、というような感じがしたものでした。

桃井かおりさん

高校時代の桃井かおりブームは忘れられません。まずは萩原健一さん主演のドラマ「前略おふくろ様」が大ヒットしたのですが、そこに出てくる空気を読めない「海ちゃん」という役が、当時の彼女の雰囲気にピッタリ。今でもほかに適役はいないとまで思っています。

ワガママでちょっとバカで、そこが可愛くて放っておけない存在といったところ。萩原健一さんが、すっかり困った表情で言う「あいやー」から始まるセリフをマネしたがる男子は多く、私も何度か相手役の海ちゃんになりきっておりました。私は学校から帰宅して、自分の部屋のドアを閉めると、一人でブツブツ桃井かおりになりきってしゃべっていたので、「桃井かおりやって」と指名されるのはかなり嬉しかったものです。あの声が好きだったし、あんなアンニュイな話し方をする大人になりたいと思ってました。いつか自分もトレンチコートを着てタバコを吸うんだ、というとんちんかんな将来の夢まで持っていたくらいです。

時々雑誌などで見かける、彼女の私服のセンスも、ほかの女優さんのように古くさくない（↑当時のイメージです）感じで、いつも柄のないプレーンなデザインがお好みのようでした。MELROSEやBIGI、MOGAというファッションブランドが多かったので、そういう系のショップ「イナバ」が近所にできた時はガッツポーズをしました。何度もそのお店に通いながら、（いつか買う服はどれにしよう）とながめたものです（↑冷やかしともいう）。

桃井かおりさんは、指先もホワイトアスパラのようにすーっと長く、爪の部分がしっかり大き目。なので、マニキュアや、大ぶりの指輪がお似合いなのも、いつも見ものでした。マニキュアと洋服の色を合わせているなんて、どこまでオシャレであられるのか。

しかし、なんといっても魅力は、どこかに潜む不良性です。タバコ、男、アルコール、夜遊び。インタビュー記事では隠す様子もなく話されてて、子供には（あいやー、海ちゃん）という感じで、いちいちが刺激的でした。

ところで、実家のジャズ喫茶には、アンティークの時計や家具などがたくさん飾ってありました。今でも店内にはその名残りがありますが、70年代のジャズ喫茶は、どの店もだいたいそういうものだったようで、その時計などを父が東京に買い付けに行くのに、私も喜んでついて行ったものです。

ある日、白金の「ラパン・アジル」というアンティークショップに行った時のことです。お店の奥の方から、オーナーらしき方と、常連さんらしき方の話し声が聞こえてきました。その声に私は釘づけになりました。時が止まった。なぜならその声は、間違いなく桃井かおりさんだったからです。田舎の高校生にとっては大変な事件でした。（でも、まさかな）と思いながらしばらく耳を澄ませていると、確信とともに私の足はガクガクと震えてきて、ついには立っていられなくなり、お店の床にしゃがみこむような体勢になってしまいました。腰が抜けるってことが、本当にあるということも、この日初めて知りました。そんな私のフヌケの状態に父親が気がつき、「どした？」と聞くので、私は声をひそめ「桃井かおりが（そこに）。見てきて」と、息も絶え絶えに目と小声で訴えました。「あ、ホントや」と、薄い反応の父親。

価値観は人によりけり。（そんだけかい！）でしたが、一方で（いったいこの話を友達の誰に話そうか。話してもできすぎてて、きっと誰も信じないだろうな。こんな手が届きそうなところに、あの方がいるだなんて）とも考えていたのをよく覚えています。そしてそのままヨロヨロと立ち上がり、あのいい声を数分、聞いていました。

後年、ラジオでお会いできた桃井さんに、この話をして確認したところ、「ラパン・アジルはもう、しょっちゅう通ってたわねぇ。オーナーとも仲良しだったりしたしぃ、ギャラはあの店でほとんど散財しちゃってた」とのことで、やはりご本人に間違いなかったようです。

思えば桃井かおりさんは、一番長く続いてる特別なモノマネレパートリーの方ということになるのですが（↑迷惑）、モノマネって、どこか英会話みたいなところがあって、話すうちに慣れてきて、それこそ身について日常会話レベルまでできるようになれば、もはや当人にとって一級となるのです。

いまだに好きになった誰かをモノマネすることはやめられず、仕事でなくても口ずさんでいます。ライブやなんかで、多少口が悪いネタを作ってしまい、マネージャーや家族を心配させたりすることもあるのですが、私のどこかに（大丈夫、本気でご本人を怒らせたりなどするものか）という変な自信があります。私がこれだけ好きになったんだから、というのが裏付け（↑弱い）。

私に好かれるとロクなことはないというわけなので、皆さんもうっかり好かれないように、気をつけてください。

懐かしのヤンキー

高校時代、同級生でモノマネをしてる子が何人かいました。と、書いたら叱られるかもしれないけど、『嗚呼!!花の応援団』がブームになり、矢沢永吉のレコードがヒットしたり、横浜銀蝿が登場しようという頃でもあり、ワルな世界への憧れを抱く生徒がちらほらいたのですが、見方によってはそれがまるでモノマネのようだったのです。憧れのあんな風になりたい、という構図。パッと見てすぐわかってもらわないと！　みたいな髪型や服装。女子も頑張ってた子がいました。

これを読んでいるあなたには、どこがいいのかわからないですか？　じゃいい？　話するから、ちょっとここで私とウンコ座りしようか。まずさ、ヤンキーや不良の世界は、自分が決めるもんじゃないんすよ。むこう様がお決めになることなんで。あなたや私はならなかったんじゃない、なれなかったんです。ヤンキーとは「インドの旅人」と同じで、自分から出向くものではなく、むこうから招かれるもの。危険とも思われるガンジス川に飛び込むことを迷ってちゃダメ。多少キツくても飛び込む背中を見せなよ、なわけ。腹くくらないと。さらにヤンキーの女の子は、痩せててクッキリした顔立ちの、可愛くてしかも性格も優しめの子がなぜか多いもの。暗めで臆病で、という子はこのツアーには誘われもせず、たとえ最終便に間に合ったとしても、到着後にすぐにおなかをこわしてトイレばっかり行くハメになってしまいます。すぐ帰国しましょう。

ところで、なぜそこに憧れるのかというと、実は田舎者にとってのプチ都会があるからなんです。きれいな緑、澄んだ空気はもういい、わかった。それよりバイクにまたがって、都会の汚れきったガスみてえな空気を、思いっきり吸い込んでみてえ、なのです。ところが、たとえどんなに田舎でイキがったとしても、事故を起こせば、ケガよりもたんぼに落ちることのミジメさ、泥の取れなさ冷たさを痛感することになる。これは都会人にはわかってもらえますまい。「泥というものは茶色ではなく、黒なんだとよくわかる」んだそうです（同級生談）。

さらに、私たちにとって切っても切れない「方言という呪縛」がついてまわります。

やはり、ツッパリ系も基本は（違う自分になりたい！）という変身願望から来ていることもあり、私の田舎では名古屋弁を使いこなす不良がいました。名古屋という都会への憧れと、語感のもたらすそこはかとないヤンキー感。当時は名古屋弁でサラリと、というか、ネッチリと「メットが重〜て、ワシ肩凝るんだわ〜」などと口にする先輩を、本気で（ワル！）と思ってました。（バイクに乗るのが普通らしいうえに、名古屋慣れまでしておらはるにけな！）と、地元で使っていた飛驒弁ではそんなカンジ。私なんかは、バイクの免許を取っていいかどうかなど、親に相談しようとしただけで、手が飛んできます。そう、ウチには平手打ちという屈辱的な体罰があったので無理でしたが、甘やかす親や、放任する親を持つ同級生は、自由への切符を持ってたのでした。暴力反対（小声）。

そして、ヤンキー系の女の子たちは、なぜか手まめで、献身的という特徴もありました。意外なほどにしょっちゅう裁縫などしています。スカートの丈を長めにし、ウエストラインがほっそり見えるよう、ブレザーもリサイズしたり。彼氏へのマフラーを編んだりするのは当たり前で、髪の毛も色を抜いたり染めたり、学校帰りはバイトをしたりと、今思えば、彼女たちは朝から夜まで『女工哀史』のように働き詰めです。

そういえば笑ってしまったのは、あるカップルの噂でした。二人になると「とたんに標準語になる」というのです。めっちゃ可愛くないですか。さっきの名古屋弁といい、ドラマチックさと飛驒弁との両立は確かに難しそうです。「二人っきりの時くらい、恋愛ムードを高めたっていいにけな！」。そんな思いが、地元民にはわかります。標準語には夢が詰まっているの（遠い目）。

日本にしかありえない（と言われている）、この不思議で手まめなヤンキー文化ですが、さすがに今では都会ほど壊滅状態のように見えます。思えば体力があって、健康であることが最低条件なうえ、すぐシラける世代には、まず情熱自体が不足してそうです。インドどころか、国内旅行もシンドいと辞退するとか。

けれど今年もニュースでは、地方の成人式で暴れ回るヤンキーたちの姿を見ました。コワモテ。しかしながら彼らは「成人式なんか出るわけねーだろ！　バーカ！」ではないんですよね。当日の朝にはしっかり着付けをし、髪を整えるなどして、ちゃんと指定された市民センターなどに出向いて、仲間と暴れるという。やっぱりどこかで真面目でもある、というアンバランスさが絶妙なのでした。

あ、もう帰る？　まだ話終わってないんだけど。え、ヤンキー観が古い？　マジすか。

JAPANESE GIRL

ダラダラと深夜番組を観てた高校2年生の春のことです。チャンネルを回したら（リモコンではない）、見たことのない女の子が、ピアノの弾き語りをしていました。その音楽を聴いて、私はものすごくショックを受けたんですね。カミナリに打たれたような感じ。童謡をジャズっぽいアレンジで、それなのにとてもシンプルな音で、楽しそうに歌っている。（いったいなんなんだこれは！）（今までのルールをやぶってる！）（大変なことになった！）など、うまく言えないのですが、混乱させられたまま、その音楽にただ驚いていました。

まず、こんな演奏を聴いたことがありませんでした。思えば童謡というジャンルへの「私なりの解釈」など、誰もしてきませんでした。そんな概念は誰にもなかったのではないでしょうか。童謡はあくまで童謡であり、ハッキリ言って音楽というより、子供向けの童話というか、教科書みたいな認識。それをチョイスするかね！　でした。しかもそのアレンジのセンスのよさよ！　私の父は、「音楽はリズムが一番！」とよく言ってましたが、リズム感とはこれのことか、という演奏でした。

（早く録音をしなくては！）と思い、目は画面に釘づけになったまま、カセットデッキを取りに立ち上がったのですが、ほぼ同時に演奏はそろそろ終わります、という雰囲気になってしまいました。ちなみにビデオ録画機能がまだなかったこの時代は、カセットデッキのマイクをテレビのスピーカーに近づけての録音が最強だったんですよね。たとえ演奏が録《と》れてても雑音込みだったりと、いちいち理想とは違いましたが、特に不満でもなかったのは、あの時代は聴きたい音源っていうものを、うまく耳が吸収してくれていて、機材以上に聴覚が発達してたんじゃないでしょうか。自己ノイズキャンセラー機能。

　番組の司会者が「ヤノアキコさんでした〜」と言って拍手をしてたので、私はすぐ、名前だけメモしました。ヤノアキコ、ヤノアキコというのか、あの人は。かなりの興奮状態で身体に名前を刻みつけました。翌日は彼女のレコードをすぐに注文。実家がジャズ喫茶を経営してるよしみで、欲しいと思ったレコードは、どさくさにまぎれて近所のレコード店にちょくちょく電話注文していた私。生意気。田舎では、Amazonの先駆けか、と思うほど不思議なシステムがまかり通っていたものでした。

「タイトルはわからないのですが、ヤノアキコというミュージシャンのレコードをお願いします」と伝えると数日後、レコード店から待望のレコード盤が届いてました。待ってました！　震える指先を押さえつつ、外側の袋を恐る恐る開封してみると、「和田アキ子〜笑って許して」という文字が出てきました。お店の人が「ヤノアキコ」を「ワダアキコ」と、聞き間違えておられたようなのでした。笑って許せるか！　でしたが（↑失礼すぎる）、その翌週ついに本物の矢野顕子デビューアルバム「ＪＡＰＡＮＥＳＥ ＧＩＲＬ」が到着。ジャケットデザインが気に入り、しばらく両手に持ち、対面したままながめました。

ジャケットデザインってすごく不思議で、ジャケットがいいのに中身はイマイチってことがあんまりないんですよね。どっちかが悪い時は両方ともよろしくないことが多いようなので、ジャケ買いというのは案外正しい行為かもしれません。

話がそれました。Ａ面一曲目の「気球にのって」のイントロを聴いた瞬間から、私はボーゼン。テレビで観た演奏とはまた違う世界で、入り込みました。世の中にこんな快楽があるのかと、衝撃でした。ドラッグってこんな感じなのかな、このヤバいカンジ。現実にもどれぬ超感覚。まあ音楽であんなに驚き、また感動したことは、後にも先にもありません。まるでそれまでのモノクロっぽかった人生に色がついた、カラーになったかのようでした。私はまだ10代だったので、感受性も強かったのかもしれませんが、この時期の情操教育としては最高のものを勝手にいただいたと思ってます。

しかしそのほぼ半年後、私は矢野顕子になりたい病を発症し、高熱のままいまだに完治できず患っているので、本当は情操教育失敗だったかもしれません。とにかく声の感じはなんとなくなぞれる、という気がしました。それなのに、ピアノのどこを押したら、あの音になるのかがまったくわからなくてもどかしく感じていました。でも、ゆうべよりちょっと近い音がしてきたぞ、などと毎晩、何度もピアノのコードを聞きとることに精を出していました。今はヤマハのアプリでもすぐに分析して瞬時にコードを出してくれるみたいですが、コードという概念すらなかった私は、（この音とこの黒鍵を同時に押すとなんかいいカンジになる）という原始的な弾き方で始めました。我ながらよく頑張ったものでした。誰に頼まれてもいないのに。

（こんなに素晴らしい矢野顕子だ、きっと私みたいに人知れず毎晩モノマネをしている女子高校生は日本中に山ほどいるんだろうな。今夜、敵はどこまで近づいてるのだろうか。同志であり敵である、彼女たちの演奏をいつか聴きたいし、私も聴かせたいな。この思いを誰かにわかってもらいたい）そんなことを想像しながら（↑ぜんぶ間違ってる）。

この続きはまた次回！

春咲小紅

「わだば矢野顕子になる！（家の中で）」と思ってた私。ある日彼女のラジオ番組が始まってたことに気づきました。「若いこだま」という、いかにもＮＨＫらしいタイトルで、スタジオの中の矢野顕子さんがおしゃべりしながら、当たり前にピアノの弾き語りをしてくれるという、私にはその番組こそ神でした。無料の神。週一の神。

聴いていると、（矢野顕子は料理も好きなのか）とか（こんなよく笑うんだ）などと、人間的な発見もありました。私としては（こんな天才なんだから、変人でも大丈夫ですからね）と受け止めるつもり満々でしたが、大きなお世話でした。それまでラジオで「雨が好き」という言葉は聞いたことがありましたが、矢野顕子さんはまるで気象ごと、異常気象さえも大好きみたいだとも認識。天気好きが、今では本を出すほどの宇宙好きとなられたのも自然な流れと思えてきます。そういえばお子さんの名前にも、風や雨の文字が入ってました。リアル・天気の子。

　そしてそのラジオで聴けた歌やピアノには、やっぱり何度も驚かされました。たまに「あ、キーを間違えちゃった」と弾き直すのも生っぽく、また不思議でした。普通、弾き語りとは間違わないように、一つのキーでのみ練習しがちなものなので、それもまた初めて聞く言葉だったのでした。

　それと私は変な話、（NHKラジオって見る目あるんだな！）ということにもとても驚いてました。歌唱審査があった昔のNHKのテレビでは、彼女の歌がパスできなかったという逸話があり、正直まだそちらの方が納得できるほどでした。「これ聴いてみて」と私が宣伝しても、クラスではなかなか広まらない。それなのに、あのインテリ層のお爺さんたちが、このサブカル少女のよさを見抜き、レギュラーに選んだとはえらいもんだ、と感慨にふけりました（↑偏見と上から目線）。

　番組では毎回、「おハガキは渋谷区神南、NHK若いこだままで」と言っていたので、（いつか神南という場所に立ってみたい）と思ってました。同じ空気に身体ごと包まれてみたかったんですよね。ちなみにそれ以前の私の憧れの街№1だったのは「原宿」。ところが当時の私は、知識が「an・an」など雑誌からしかなかったので、ずっと「ゲンジュク」と読むと思いこんでおり、しかもそれが身についてしまってて、うっかり口にしては、友人から何度も笑われました。ゲンジュクから神南は歩ける距離らしいし、当時大好きだった「ビックリハウス」という雑誌の編集部は渋谷。この夢の三角地帯よ！　シブ・ゲン・ジン！　でした。

その頃は矢野顕子という漢字そのものまで好きになり、何度もペンで名前を書いてました。自分の筆入れや、学生カバンにも丁寧なレタリングをしてたので、落とし物をしても、私にもどることはなかったかもしれません。一方で面白くなかったのは、音楽雑誌などで見かける矢野顕子への音楽評。「母性を感じる」という言葉がちょいちょい使われてましたが、そのボキャブラリーのうやむやさ、センスのなさに（それでもプロか？）と、思ってました。むしろ母性ないぞって言いたかった（個人の感想です）。

ついでに書くと、実家のジャズ喫茶で評論など始める客どうしのやりとりも苦手でした。黙って聞いてりゃ上から目線でいっぱしのことを、こんな小さい店でこぼすしかできないのに！　と。否定するのが好きで、難解なことを言いたいだけの人もいて、（あ、またコイツ！）と思うと、せめてもの反撃に、いっさいノースマイルで通しました（↑地味）。「いらっしゃいませー」も小声（↑地味）。「マイルスは昔の方がよかった」みたいなことを、なんのユーモアもなく何度も言えるというのが信じられません。私だって新譜はそんなに好きってわけじゃなかったけれど、（いい大人がなんだ、私だったら演奏などして、自分も恥をかきながら評論するね）と思ってたので、作曲法というネタのシリーズは、きっとこんなことがきっかけになってたかもしれません。腹が立つことも、自分を形成する一部なんですね。

さて、ヒット曲を出すことに興味はなさそうな矢野さんでしたが、「春咲小紅」が大ヒット。さまざまな音楽番組への出演の中でも、当時日本一華やかに見えたあの「ザ・ベストテン」にも登場。ネームバリューは急上昇で、いわゆる「スターダムにのしあがる」ような勢いでしたが、本人はこびず・おごらず・たかぶらずといった笑顔で、「楽曲が遠く旅立ってるだけで、アッシの足は地についておりますんで」と、常に冷静なお侍さんでした。せっかく応援していたのに、大ヒットを出して遠くに行ってしまったようで寂しい、みたいなことも感じませんでした。

でもこのヒットのおかげか、ある夏の夕食時、テレビを観てたらモノマネコーナーが始まり、当時人気だったアイドルが「矢野顕子のマネ」と弾き語りのあてぶりで、

「春咲小紅」を歌い出しました。そのアホみたいな表情と声に、笑いと拍手。私は時が止まるほど（というよりじっさいは箸が止まるほど）、悔しさでいっぱいになりました。腹が立ったんですね。何かを食べてる時に、頭に来たって経験ありますか？すごいミジメなんですよ。食と怒りという、本能の二大セットで満ちているせいか、まるで自分が動物みたいなんですよね。モグモグ！　ガルルルー！

何かを汚されたような気持ちのまま、それでも私は夜中に思いました。（自分は何もしないで、表現した人に怒るなんてのは、ジャズ喫茶のあのお客と同じなんじゃないか。家の中でなりきってるだけでは、何の役にも立たないんだな）

その日初めて私は、誰かに聴いて欲しい！　と、心の底から叫びました（モノマネなんだけどね）。

からし蓮根

　突然、社会科の先生からこんなユニークな注意を受けました。高校時代の、修学旅行の前日のことです。「北九州をぐるっと回るらしいけど、君たちはただ景色や土地なんかを見るんじゃないぞ。よーく人間を見て観察してこい、海側に住んでいる人間ってものを。海の人間の器はどっか広いからな。タマ（魂）が違うんだ。俺たち山に住んでる者は、どうしてもせこい。せこせこせこせこ生きてるからな」

　ちっとも知らなかった。すごい言葉だなあ、と思いました。面白い先生でしたが、言われてみると確かに、海がすぐそこに見えるという場所は、それだけで閉塞感が少なそう。なんとかなるさ、と救われるような気持ちになる気がします。今なら問題発言になったりするのかもしれませんが、その言葉には妙に説得力がありました。ま、さすがに私たちも、修学旅行で出会った人から心の広さまで感じとることはできませんでしたが。

ちなみに、到着した熊本でのお昼ごはんは、もっと忘れられません。最初にマイクを持ったお店の店長から「おわび」がありました。何かの手違いがあったらしく、今回の私たちのお昼に、メイン料理が出せなくなったとのこと。そしてなんと、からし蓮根がメインのおかずの定食になってしまったとのこと。からし蓮根はとても珍しかったのですが、おかずにするにはもう一つパンチに欠けるというか、逆にパンチしかない味なので、私たちはソースをかけたり、ケチャップを足したりして、それでもクスクス笑いながら、お皿の上に転がっているからし蓮根の、新しい味を追求しました。ごはんが進まないもどかしさよ。漬物で少しずつ前進したりして。今でもからし蓮根を食べると、その時のおかしさがこみあげてきます。なんだか笑えてしょうがなかったんですよね。不満を共有すると、人ってちょっと笑うんですかね。ともかく、おいしい時より印象や思い出に残りやすいのか、そのからし蓮根の味しか覚えていません。

ところで、おいしいと感じた時の人間は、ドラマのように笑顔にはならず、意外と神妙な顔つきになってるもんですよね。（おいしい！）という気持ちを表現するのは、本当はとても難しいことなのかもしれません。いつか糸井重里さんが「テレビを観てたら、レポーターの方が『この味、本当においしくて、わ！　見てください、鳥肌が立ってます！』と、腕をカメラに近づけ、おいしいという気持ちを"論より証拠"ばかりに表現していました」と書かれていました。私も、ずいぶん昔に行った地方のロケで、一緒だった女優さんのリアクションがすごくて、驚いたことがあります。老舗の名店でうな重を食べたのですが、その女優さんは一口頬張ったあと、「うわっ、おいしい！」と言い、「もう……おいしすぎて」と、なんと悶絶しながら涙をぬぐってるではありませんか。やりすぎぃ！　泣くほど、という感覚に持っていきたいらしく、しばらくはすすり泣き。始めた以上はすぐにはやめられないようで、メイクさんが涙のあとを直したり。あの時はめっちゃシラけました。

そこへ行くと「孤独のグルメ」の松重豊さんのお芝居は、本当にうまいですよね。（おいしい）と思った時に、ほんのちょっと眉や手の動きが止まったりする。呆気に取られたような、惚れ惚れとしてる表情から、おいしさがしみじみ伝わってきます。

「本物は物足らないように感じ、偽物は常にどこか過剰」という言葉を思い出しました。

いつのまにかすっかり話が食の方に転がってしまいました。海側に住む人の人間性の話です。これは大人になってから聞いた話ですが、土地の先端に住む人間、つまりは岬や半島に住む人間ほど、アンテナが鋭くなっているのだとか。また世界中に島国はたくさんありますが、その中でも日本列島は変わっていて、ギザギザがとても多い形状になっていると。つまりは先端だらけなので、民族全体としても鋭いアンテナを持っているそうです。山奥の人間が鈍い、とまでは言いませんが、海寄りに住めば、生きていく感覚が研ぎ澄まされるのも自然な話かもしれませんね。都会と田舎で分けるより、海側と山側での人間の違いを感じるのは面白いと思いました。よく考えてみると、北海道の真ん中あたりは、実は距離でいうとどの方面の海からも遠いはずですが、北海道というイメージで、そうは思わせませんね。比べるとむしろ、私の生まれた高山市の方が海は近いですが、「飛騨高山」というイメージが（そんなはずはない）と思わせます。人のイメージって、強固なもんですね。

私が高校の時、新し物好きな父が、渋谷で食べた茹《ゆ》で上げスパゲッティに感激し、その後すぐに直談判して、「壁の穴」というお店の高山支店として営業を始めました。飛騨高山で食べる、海の幸、海鮮のスパゲッティ。その頃はまだ気がついてなかったのです。観光客が飛騨高山に来て食べたいものは、海鮮ではなく、素朴な山の味覚であることを。お店はほぼ20年ほどで閉店となりましたが、逆によくそんなに続いたものでした。

音楽大学

高校時代のある日、担任から「おまえは音大に行ったらどうだ」と言われました。ピアノも好きだし、習ってもいた私は、(それもいいな～、楽しそうだな～)と、漠然とドイツ語のロゴの楽譜を胸に、廊下を歩いている優雅なキャンパスライフを想像しました。

じゃあ、その受験のためには、どこをどう目指せばいいんだ、と思い、とりあえず本屋さんで大学進学のガイドブックを購入し、パラパラめくっていると、思いもしなかった、驚きの事実が判明しました。私はガクゼンとし、目はページに釘づけのまま、固まりました。というのは、著名な大学も、名前を聞いたことのない短大ですら、「○○音大」と、音楽大学という名前がついたとたん、学費が極端にポーンとはねあがっているのです。ビックリしました。音大って、あんなにお金がかかるもんなんですね。いっそ「音代」と書いた方がよさそうです。

でも、変じゃないですか？　だってクラリネットだのバイオリンだの、そりゃあ、個人の楽器代はそれなりにかかるかもしれないけど、でもそれらは個人の持ち物になるのだろうし、ピアノだって、学校にはそれこそたくさん設置されてるはず。何の料金がどうなって、授業料があんなに高く膨れあがってるんでしょう。え、おかしいでしょ？　と、通ってないのにムキになったりして。とりあえず、ビンボー性な私は、その金額を見ただけで（親に悪い）とすぐに本を閉じ、結局は一校も受験することなく、終わってしまいました。同時に（好きなことが、毎日の義務となるというのは荷が重そうだな、音楽が嫌いになっちゃわないかなあ）ともうっすら想像しました。まあ受けたとしても、合格してなかったでしょうが。

ところで音大といえば、大人になってから知り合った、音楽の専門学校の講師がいるのですが、いつだったか、彼女がこんな話をしてくれました。毎年毎年、当然ながら新入生が入ってくるわけですよね。で、その生徒たちを見ていると、一番前に座ってきちんと真面目に一生懸命ノートを取る生徒がいる。そして反対に、後ろの方の席でいつまでもダラダラしゃべったりふざけてばっかりいる、しょーもない生徒がいるのだと。だいたいこの二つに分かれるんだそうです。ところがです。そんな生徒たちが卒業する頃には、なぜかそのダラダラ派の方が、結果的にいいところに就職できたり、のちに音楽業界で活躍したりしている、と言うんですね。これもまた毎年、同じようなカンジだと。なんて不公平なんだ！　な話ですが。

おそらく、ダラダラ派というものは、（黒板に書いてある記号を覚えたって意味がない）ということを、どこかでわかってるんじゃないでしょうか。そして、真面目なタイプはきっちり勉強、暗記などしてしまうことで、かえって音の遊びみたいなことができなくなるんじゃないか、と思われます。「音楽」というものを「学問」と捉えるのか、「遊びの延長」と捉えるのかと考えてみると、やっぱり後者の方が、業界には向いてそうです。大事なポイントは、知識なんかより、その人の音楽的な発明や冒険、オキテ破りなところなどにありそうです。

それと似たような話を、お笑いの学校に通う生徒の態度についても、聞いたことがあります。やはりどこかで笑いの基礎ができてるタイプや身体に備わってる人間というのは、（大事なことはここじゃ学べない）と、どこかで嗅ぎとっているらしく、決して品行方正ではないと。ではなぜ来たかと言うと、とりあえず学校へでも行くしかない、となんとなく思っただけなんでしょう。高校卒業直後なんてそんなものです。音楽もお笑いも、遊びの延長だと思うと、学校で学ぶことなど本当はものすごく少ないのかもしれませんが、それでもしばらくそこにいて過ごすことは、やっぱり意味がありそうです。なにより自分と同じ価値観を持つ仲間がすぐ隣にいるということは、日々刺激になるだろうし、切磋《せっさ》琢磨《たくま》してるうちに、自分を客観的に見ることができるのでしょう。だいたい同じ夢を持つ者どうしで集まれる空間なんて、人生でそんな時しかありえないんじゃないでしょうか。そう考えると、モノマネ大学があってもよさそうです（インチキ臭強烈）。

学問といえば、ここ最近、ひろゆきさんという方が「古文・漢文は、センター試験以降、まったく使わない人が多数なので、『お金の貯め方』『生活保護、失業保険等の社会保障の取り方』『宗教』『ＰＣスキル』の教育と入れ替えたほうが良い」という発言をし、話題になってました。なーるほど。確かに古文や漢文は、音楽やお笑いと一緒で、はるかな夢を見せてくれるようなロマンがある。けれどもその一方で、これから経済的にも厳しくなりそうなこの国で、子供たちに（しっかり生きるんだぞ）と、本気で大人が応援するのなら、まずは授業も現実から見せるべき時なのかもしれません。「自立して生活していけるように、勉強しなさい」ということですな。まるで戦後の話みたいです。まさかこんな世知辛い時代になるなんて。でも、日本人は「備えあれば憂いなし」という諺《ことわざ》が大好きな民族ですし、教育も時代とともに変えるべきなのかもしれません。ちなみに、結局私は都内にある短大の家政科に通うことにし、教師の免状を取得。花より実を選ぶビンボー性をまっとうしました。

私のモットー

「あなたのモットーは？」と聞かれたなら、皆さんはなんと答えますか？　そもそも、モットーなんて持ってましたか？　私は正直、そういうことは、聞かれてから考えてひねり出すもので、若干ねつ造しないと「ないです」しかないだろ、と思っていました。だいたい普通の人間関係ではまず聞かない、水くさい質問ですしね。

ただ子供の頃から、これに付随するような、似たような質問は多くされがち。たとえば「あなたの将来の夢は？」など。その時にも私は、質問者（担任など）が聞いたらうなずきそうな答えを考え、アンケートだったらとっぴでなく、安定した答えを、と日々テキトーというか、自分の内側への問いかけからは若干逃げるようなところがあったりしました。

しかし私は、（これをモットーにしていいんじゃないか）と、思ったことが一度あります。それは、東京で一人暮らしをするために、生まれて初めて街の不動産屋さんに行った時の話。店舗の奥から優しそうなおじさんが出てきました。「3万円くらいのアパートを紹介してもらいたいのですが」とお願いすると、「都立大学から徒歩7分のアパートならありますよ。見てみますか？」と言われました。私はてっきり、物件は場所を教えてもらったら、自分一人で見に行くものと思っていたのですが、「どうぞ〜」と、おじさんはお店の前の車を指差しました。（え？　車で送ってくれるの？）と、私はとてもビックリしました。物件があるか否かを聞いただけなのに、私はまだお客になるのかすらわからないのに、こんなに親切にされていいのか？　と、驚いたのです。今考えると、不動産業とはそれが仕事なのですが、なんせ初めてのことで、バカみたいに感激してしまったのでしょうがない。

そして、車の中で私は景色を見つめながらこう思いました。（都会の砂漠に、こんな優しい人がいるのだ。親切にしてやってます、なんて顔をちっともしてこない、このさりげなさ。仕事中だというのに、どこの馬の骨かもわからない学生を、車に乗せて運転してくださるだなんて、申し訳ない。そうだ、アパートに到着したら、どんな部屋でも「ここにします！」と言おう！　もうこれ以上、ご迷惑はかけない）。私はなんだかうるうるしながら、そう決めました（バカですね）。

それから10分くらいで到着したそのアパートの部屋。（く、暗い……）なにか事件でもあったのか、と思われるような陰湿さが漂っています。建物の1階の真ん中あたりにある部屋なのですが、いかにも日当たりが悪そうな6畳。でも返事を決めていた私は即答することにしました。「ここでいいです！」「えっ？　ここでいいの？」と、逆に驚く不動産屋さん。もしかしたらおじさんも、（これはないな〜）と思ってたのでしょうか。「もっと探せばいいじゃない」とまで言ってくれましたが、これ以上、あなた様に図々しいことはお願いできません、とばかりに「大丈夫です！」と、うなずく私。するとそこへ大家さんが出てきました。人柄のよさそうな、その明るいおばさんとは長いつきあいらしい不動産屋さんが、私を指差して「この部屋に決めるって言うんだ」と言いました。「ええ〜？　もう？　日当たり悪いわよ、この部屋」となぜか自分の持ち物なのに、ケチをつける大家さん。田舎者にありがちな話なのでしょうが、日当たりが悪い、という部屋で暮らしたことがなかった私は、（日が当たらなきゃ、自分が外に出ればいいじゃない）という逆マリー・アントワネットな状態で、なんとかなるさ、と思ったのです。

しかし、そんな私を無視して、二人で何やらヒソヒソ話し始めました。そして、「ねえあんたさ、」と、大家さん。「すごく急ぐってわけじゃなかったら、来月、あの2階の角部屋が空くの。あそこは4畳半しかないけど、日がさんさんと当たっていいわよ」「うん。この部屋よりはうんといいよ。そうしなよ」と、不動産屋さん。「しかも2万4000円だから、こっちより安くていいじゃない」私は、(言った手前がある)とは思いながらも、(この暗い部屋をパスできた)という安堵《あんど》感で、「では、お言葉に甘えてそうさせていただきます」と、すぐに方針を撤回したのでした。収益は減ったであろうに、なぜか自分のことのようにホッとしておられたお二人。東京の人って明るくて、めっちゃ優しいんだな、と心底思った次第です。

夏は暑かったけど、本当に住み心地のいい広めの4畳半を、私はとても気に入っていきました。つまらないことがあった日など、日の光はそれだけで明るく前向きにしてくれる。そして私は啓示を受けた気がしました。(私は、自分のことを自分で決めると、ロクでもないことになるな)と。これまでも「だから言ったでしょ?」と、家族や友人から呆れられることが多かった私。すぐ決めないで、人の意見を聞きながら生きよう。語感はカッコ悪いけど、「大事なことは人に聞け」。これが私のモットーになりました。今でも大きな決断をする前は、家族や友達に「どう？」とお伺いを立てることにしています。

ちなみにその6畳には、数か月後、親子3人が仲良く住み始め、その部屋の前を通るたび、全体の雰囲気が明るく変わっていくのがわかりました。住まいより人間の方が、ずっとたくましいものなんだよな、と、思いも新たにしました。

浮いてる私

将来は、実家の喫茶店のどれかを継ぐんだろうな、と思っていました。どれか、というのは、親が喫茶店を3店舗経営してたため（↑商売好き）、大人になったら私と弟でお店を分担して欲しい、と親の顔になんとなくそう書いてあったのです。

高校を卒業した私は、都内にある短大の家政科へ進みました。調理の基礎を学べば、もっとお店のメニューを増やせそうだし、万が一お店がつぶれた時のためにと、中学校の家庭科の教員免許も取りました。そのため、母校の中学校で2週間の教育実習をさせてもらいました。うろ覚えですが、学校給食の主食がパンからごはんに変わるという時代だったらしく、お味噌汁と鯖《さば》の塩焼き、白いごはん、そして牛乳、といったような、逆に昔にもどるかのような組み合わせ。ごはんと牛乳ってすごいタッグです。和洋での、弱い者どうしのケンカ。できるだけ口の中でごはんと牛乳がジカに出会わないよう、食べる順番を工夫したりして。

さて、自分が担当する家庭科の授業では、ちょっと考えてきたギャグや流行語をはさみこんでみたり、昼休みに音楽室でピアノを弾いたりしてると、生徒たちから笑いが起こったり、喜ばれたりしました。結局、そういうことがもともと好きなんですね。生徒たちと一緒にいる時間はとても楽しかったのですが、職員室で先生方と一緒にいるのは、どことなくシンドイものでした。もしかして、根っこもピン芸人なんでしょうか。組織に属していると、どうも自分らしさが出にくい感じで居心地が悪く、閉塞感を覚えてしまう。教育実習という期間は、免許取得のための制度ですが、こうして体験することによって、（お呼びでない）（向いてない）のを肌で感じた人にとっては、教職は遠慮すべき、と自らをふるいにかけるような期間なのかもしれません。

ところで教師といえば、それこそ私が中学生の頃、今もなお仲よくしてもらってる公ちゃんと、先生の「教科別イメージ」を一方的に言葉で決めてたことがあります。数学教師はだいたい痩せ型、国語教師は人格者、社会科教師は常に社会に怒りがち、英語教師は上から目線、体育教師は熱血短気、美術教師は職員室が大嫌い、音楽教師は一流主義、家庭科教師は意地悪、理科教師は変わり者、って最後のオチもひどい話ですが、あの白衣に、いつも（またまた、おおげさな。変わってるな〜）と内心思ってました（↑おまえらの方が変わってんだよ！）。

　免許をもらっといて言うのもナンですが、家庭科は意地悪なとこ、少しあると思います。だって、普通の勉強のような教養っぽさとも違うし、かといって音楽や美術のように芸術っぽいんでもない。体育のように身体的な能力は競わないので個性も出しにくく、教科の中で一人浮いてしまってるんですよね。ここが本人としては面白くない。「私、浮いてませんよ？」という顔をしてますが、気づけばふと浮いている。だいたい、火を使う教科なんてほかにありますか？　と、誰かが言いました。すると理科がかばいます。「火ならボクも使いますよ」家庭科は、なぜかかばわれたことにもまた腹が立ち、「おたく、アルコールランプでしょ？」と言いながら、中華の強火で全員をあぶり出すのでした。何を書いてるんだ私は。

　空気を入れ替えて当時の話にもどしましょう。19歳くらいの女性といえば、誰もがオシャレや恋愛にうつつをぬかすお年頃。それなのに私は、深夜ラジオや「ビックリハウス」（というネタの投稿雑誌）などに夢中で、放送を聴くのはもちろん、読まれたり掲載されることに全集中の構え。世の中は、好景気と熱気の80年代に入ろうとしている頃で、ワンレン・ボディコンみたいなイケイケな人種が、まわりにだんだん増えてきました。ヤな感じでもありましたが、4畳半で暮らすラジオファン、という自分は、どう考えても明らかに負け組。同時にまた、(自分はなんで4畳半に住んでることをあんまり恥ずかしく思えないのだろう。変わっているんじゃないだろうか)という小さな不安もうっすら感じてました。

原宿の竹の子族を見た時も、恥ずかしくてぞっとしたのは自分だけだったのです。驚きのダサさだろ！　としか思えず、見てるだけでも顔が赤くなりそうなのに、まわりにはうっとりしてる人もいる。それどころかどんどんブームが広がっていったのだから、見る目がないのは自分の方なのかもしれない。友人の中には、靴もバッグもブランドもので揃え、高級車に乗り、ラーメン食べたいから〜、という理由だけでフラリと北海道に行くような人もいました。学生なのにですよ。今から思えば、人をちょっと狂わせるようなバブル前兆の時期でもあったんですね。

数年前も、バブルになった中国のニュース映像に、「クラブで紙幣を燃やして遊ぶ若者」の姿がありました。バブルが過ぎたいつか、彼らにもわかるのでしょう。お金で人は簡単に狂っちゃうんだってことが。そもそも考えてみれば、お金って、この世で最も厄介で変な存在ですよね。たかだか紙の分際で、人の人生にやたらに関与してきて、ないと心配させられ、ありすぎると踊らされるという。まさにその当時の人々は、原宿の路上で、ディスコで、お立ち台では羽を広げながら、事実踊らされてました。日本の歴史上で、一番恥ずかしかった時代は、間違いなく80年代なのではないでしょうか。そんなわけで、時代に明るく照らされるたびに、自分の不器用さや暗さが浮き彫りになった気がしたものでした。

アルバイト

短大家政科で一番楽しい時間は、調理実習です。ある日、ケーキを作る授業がありました。スポンジを焼き、冷ましてカットしたあとクリームを塗り、8等分にしてデコレイトし、イチゴをのせればショートケーキの誕生という流れ。見た目も美しく、おいしい。私は（ショートケーキって、手作りでできるんだな！）と、ちょっとした興奮を覚えました。もっともっと作ってみたくなって、（ケーキ屋さんでバイトしたら、実践もできてきっと腕もあがるだろう。実家の喫茶店でも手作りとして出せるかな！）と思うくらいハマりました。

学校の帰り道に自由が丘を歩いていると、ちょうど店頭に「アルバイト募集」の張り紙がある「アルテリーベ」という大きなガラス張りのケーキ屋さんを発見！（運命かもしれないぞ、これは）と、迷わずお店に入りました。思い立ったら早いところがある私の干支はネズミ年。聞けば、売り場のバイトは人気だけど、作る方は応募が少なかったとのことで、週に2日のバイトがその日のうちに決定しました。

自転車通勤してたこのバイトは、ものすごく楽しかったです。自分は働くことに向いてるんだな、と思いました。勉強は受動的ですが、仕事は能動的。もっとこうしたらどうだろう、というアイデアを出してみたいし、いいバイトだ、と人から評価もされたい。でも、じっさいやってみて一番楽しかったのは、ケーキ作りではなく、お昼ごはん作りでした。当時、お菓子職人さんが男性8人、バイト女性が私を入れて二人の合わせて10人という工房は、お昼になると、スタッフが当番制でみんなのごはんを作ることになっていたのです。一人300円の予算で40分以内に作るというルール。これが私にはゲームみたいで、スリルが感じられたのです。

まずはお米をといで、炊飯器にセット。その合間にランチのおかずの材料を買いに走り、すぐ調理。その当番を嫌う職人さんもいましたが、私は自分でも（向いてる〜！）と思いながら自転車にまたがって、「自由が丘ひかり街」へと飛ばしました。野菜や魚をチョイスして、（これを、こういう料理にしてみよう）という冒険が、ものすごくワクワクさせます。大量の料理って、どこか人を原始的に興奮させるものがあるのでしょうか。そのうち、「今日はミッちゃんの料理か〜。オレ楽しみ〜！」などと言ってくれる職人さんもいて、（おお、自分は必要とされてるのだ！）という充実感もあり。

さらに、生まれて初めていただいたバイト代は、実家の喫茶店とは違い、ちゃんと封筒に入ってました。「嬉しいです。ありがとうございます！」と言うと、チーフの雨宮秀夫さんが、「人生初のお給料は嬉しいもんだよなあ。でも、そんなのすぐに慣れて、もらうのが当たり前になるんだよ。これが第2段階。最後は『足りないんじゃないですか』とか言う」と笑いました。そういう人を見てきたのか、ご自身も含めた自虐なのかわかりませんが、（私は違うぞ）と思いました。しかしそれもつかの間、なるほど2回目以降は、あっさり慣れてました。あんなに喜べたのは、確かに最初で最後になってしまったという。慣れって怖いわあ。ちなみにドストエフスキーも「人間はすぐ慣れるようにできている生物である」と書いてたそうですが。そんな当時、忘れられない珍事件と遭遇しました。

その頃は携帯電話がなく、外からの電話はもっぱら公衆電話で、個人商店の店先なんかに置いてありました。ある日の帰り道、お店から売れ残ったシュークリームをもらい、その紙袋を公衆電話の隣に置いたまま私が友達と話していると、髪の長い女性がツカツカとやってきて、その袋をサッと取りあげ、早足で通り過ぎていきました。しかし驚いた私は「?」という状態で、何が起こったのか理解ができませんでした。しかしすぐに、「あ、あの、ちょっと、電話いったん切るね!」と受話器を置き、彼女を追いかけようとしました。すると、さらに私の背後から制服姿のおじさんが走ってきて、「おおい! あんた、その女一緒に捕まえてくれっ!」と叫びます。「え」。ビックリするといちいち身体が止まってしまう鈍くさい私。おじさんはあっという間に女性を捕まえました。そしてその紙袋を私に差し出し、「あんたのだろ、これ?」と言うおじさん。「オレ、あいつにタクシー代踏み倒されるとこだったの」とのこと。つまり、タクシーから逃げながらもなお、私のお菓子を盗んで走ったという、障害物競走のランナーのような犯行だったんですね。絶対に初犯でできる芸当ではありますまい。

「慣れって怖いわあ」という時、私は必ずこの事件を思い出すのでした。

さて、工房でバイトをしてみると、単調な仕事の時、いかにAMラジオが人を励ましてくれるか、身をもってわかりました。毎日の作業工程に慣れてくると、どんな人でもすぐ「退屈」とか「飽きてきた」という気分が顔を出すものです。慣れって怖いわあ、その3。でもラジオの会話が面白ければ、それだけでその日の仕事や気分まで軽くしてくれるのです。そして、（あ、このコマーシャルが流れてきたゾ、そろそろゼリーを冷蔵庫に入れる時間だな）など、正確な時計がわりにもなってくれます。深夜放送ばかり聴いてた私は、すっかり昼間のラジオも好きになりました。（毒蝮三太夫さん、今日も機嫌よくて、好き放題言ってて、素晴らしいなあ）と、すっかりファンになったものです。いまだにＡＭラジオが好きで、レギュラー番組も長く続いているのは、この時の経験が大きいのかもしれません。

タモリさん

70年代の昔、「空飛ぶモンティ・パイソン」という深夜番組があり、そこで「4ケ国語マージャン」というネタを観た私は、一瞬でタモリさんのファンになりました。あの適当な感じ、丁寧な言葉遣いに漂うきな臭い感じ、タキシードにサングラスなど、どこか（めっちゃサブカル！）と感じたのです。サブカルって、都会にしか存在してなかったんですよね。今はそんなことないでしょうけれども、少なくとも昔の田舎は、声が大きいもの、わかりやすいものじゃないと文化じゃない、ただのマイナー、ってなもんだったのです。

東京で暮らし始めた頃、ついに念願だったタモリさんのライブに行くことができました。客席で私は、（ものすごく楽しい。音楽とお笑いの両立って、なんて素晴らしいんだ！）と、一人とても感激しました。その後、昼公演に夜公演、土日の両方など、追っかけのように通ったりしてたので、当然同じネタを何度も味わうのですが、それでもすっごく面白かったし、自分の感性を大きく肯定されてるような気すらしました。ちなみにステージでのタモリさんは決して熱くならず、客席がどんなに盛り上がっても、どこか冷静でした。あとから当時のタモリさんの構成作家をしていた、高平哲郎さんの本を読んでいると、「タモリの楽屋に行き、『おい、今見て来たけど、客席ガラガラだよ』と伝えると、ヒゲを剃りながら鏡ごしに、『当たり前だろ』とあっさり答えた」とあったのですが、なるほど！　でした。もともとあんまり人に期待してないところがあるのかもしれませんね。常に高淡泊、低カロリーです。

翌年のライブには、東京に遊びに来た、まだ小学生だった弟も連れて行き、「いい？　タモリさんの後輩になれるんだから、おまえも高校卒業したらジャズ研に入りなさい」などと言い含めました。じっさいに弟は数年後、タモリさんと同じ大学のジャズ研に入ったのですから、洗脳とは恐ろしいものです（そっち？）。嬉しかったなあ。

さて、タモリさんのネタについて、日々考察していた私は、どうやらレコードやライブの歌など、そのアイデアを書いてる構成作家の高平哲郎さんがまたすごいんじゃないか！　と思い、ファンレター（ネタつき）を書いて出したことがありました。当人はぜんぜん記憶にないそうですが。人が10代の頃に感動したことは、その人の一生にわたって影響するものですね。若い頃にいいものと出会うことがいかに大切かということが、今ごろになってよくわかります。

ちなみにいつだったか、あの井上陽水さんのオープンカーの助手席に乗せてもらったことがありました。陽水さんが音楽をかけようとしてくださったのですが、スピーカーからドラの音が「シャーン！」と威勢よく鳴り響いたのを聴いて、「あ！（高平哲郎プロデュース）ＴＡＭＯＲＩファーストですね！」と、アルバム名を言ったら、「すぐにタイトルを当てたのは、あなたが初めて」と、あの品のあるおっとりとした口調で言われ、嬉しくなりました。このＣＤを愛車に載せてるだなんて、陽水さまはやっぱり素晴らしい！　余裕が違う！　と思いました。これは私の自慢話です。

そういえば当時は時々、タモリさんも出ていたＮＨＫの番組「ばらえてぃ　テレビファソラシド」も観に行きました。ハガキで応募し当選すれば自由に観覧できた時代。永六輔さん司会のバラエティなのですが、本番30分前には、永さんご本人が客の前に出てきて、たっぷり前説をしてくださいます。圧倒的マシンガントーク。自分の番組の本番前に、自分語りをしてのけるだなんて、今、そんな人がどこにいるでしょうか。「タモリのことは好きだけど、自分のモノマネをされるのだけはすごくイヤ」と、本音を交えながらみんなを笑わせてたのも印象的でした。

そういえばその永さんから、かつてこんなことを教わったことがあります。「ステージの人間が興奮し、客席も興奮している現場はまだ二流。ステージ側が冷静で、客席だけ興奮させるのが一流。そしてステージ側が興奮し、客席だけ冷静なのが三流」傑作な言葉です。これを思い出すと、ステージのタモリさんは常に一流でした。ビー・クール。こういうタイプの方は、結局テレビにも向いていたのか、俺が俺が、というイズムを出さない淡泊さが、時代とともに彼をどんどんコマーシャルに、メインの番組に、司会にと、メジャーな方向へ連れてってくれるかのようでした。当時はまさかあんなにメジャーというか、カルチャーの王道そのものになるなんて、と、驚きつつも痛快でした。けれど、今なおどこか本人の中にサブカル臭が抜けないところを見ると、サブカルとは立ち位置でなく、その人の本質にあるのかもわかりませんね。

タモリさんはテレビで忙しくなり、ライブをすっかりしなくなっちゃったのは残念でしたが、彼のステージを観てこれたことは、自分の財産だと信じています。

PÂTÉ屋

短大を卒業する頃になると、親から電話で「早く帰っておいで」と言われる頻度が増えてきました。そのたびブルー。「話があるんやけど」ブルー&ブルー。「ちょっとお父さんに電話かわるね」トリプル・ブルー。心配だったのか、寂しかったのか、はたまたお店を早く継がせたいのか。正直私は、電話に出るのも億劫《おっくう》になってきました。同時に、実家のお店は我ながら向いてる、とも思ってたので、深く悩みました。

芸能をひきつける磁場があること。これは東京の一番の魅力です。実家に帰ったら最後、もう二度とこっちでは暮らせないのだから、せめてあと少し、いさせてもらいたい。「もうちょっと手に職をつけてから帰るから」という約束で、延長しました。半分は本気です。でももう半分は、一人暮らしが充実しすぎてしまって、動きたくないという。それでも、実家は私を待っている。家族の信頼関係、こわすまじ。来年には帰るんだから、とは思ってたのですが。

そのうちバイトをしてたケーキ屋さん「アルテリーベ」の雨宮チーフから、「田園調布のデリカテッセンで人を募集してるよ」と紹介していただき、「PÂTÉ屋」で新しくバイトを始めました。手作りのパテやペーストを販売する、そのお店のオーナーである林のり子さんと知り合えたのは、私にとって、とても貴重なことになりました。

一緒に作業していると、私の趣味などについて聞かれ、「お笑い、あと音楽です!」などと答えたりして、内心(私なんかに興味を持ってくれるんだな!)と、話を聞こうとしてくれたこと自体が嬉しかったものでした。だいたい当時はバイトの存在なんてものは、どこも適当に使われてサヨナラ、ってなもんで、個人に興味など持たれないもの。それなのに私といえば、半年後にはバイトの分際で、お昼の休憩中などに、「林さん、実はこんな本に私の投稿が載ったんですよ」と、持参した雑誌をめくって見せたり、「ゆうべは、ラジオでハガキを読んでもらえまして」などと、そのラジオの録音カセットなんかを聴いてもらったりしてたのですから、まさに若気の至りで、今考えても恥ずかしい。しかもそのたびに林さんも「清水さん、すごいわねえ!」と、驚いてくれたり、褒めてくれたり。私は掲載されたこと以上にそれが嬉しくて、人から拍手でもされたような気分で、やりがいや満足感が生まれました。

しばらくすると、実家もだんだんあきらめムードになってきたのか、帰省するたびにダンボールが増えていく私の部屋は、倉庫風味が漂い始めてました。いないとすぐに物を置かれがち、という帰省あるある。さらに、実家ではプードルを飼い始めてて、特に父親は、なついてくれる存在がよほど嬉しかったのか、心から満足そうでした。ありがとうチビ（名前はザツ）。後年両親に「私らはもう、生涯生き物は飼わんのや」と、低い声で言わしめるほど、チビは愛されながらも、ガンを患い、天に召されました。あんなに飼い主を喜ばせて、そしてこんなにも泣かせてたこと、本人（チビ）はわかっていたのかな。または知る由もないところに泣けてしまうのか。人間にとって、犬はホント、特別に清らかな存在ですよねえ。感謝しきれないです。

いつのまにか話がそれてしまいました。しんみり。ま、お茶でもすすって、続きを聞いてやってください。PÂTÉ屋でのバイトは、商品にカロリーや食べ方を書いてみたり、新作のキャロットケーキなどのアイデアも採用してもらったりしましたが、お店に「夏休み」が存在するのにビックリしました。まるで欧州のように、毎年8月の1か月間を、まるまる夏休みとしているので、私は夏が来ればすぐに帰省し、夏休み期間だけやたら忙しい（↑観光地あるある）実家の喫茶店でバイトしました。当時の私にとって、このシステムがどれだけ都合よかったことか。

また、今でこそとても忙しいPÂTÉ屋ですが、私たちがバイトをしていた時代は、そこそこヒマでもありました。仕事終わりには、バイト仲間として一緒に働いていた、韓国人で詩人のぱくきょんみさんと、林さんと私の3人で映画を観に行ったり、演劇や音楽のライブなどにも雑誌「シティロード」や「ぴあ」を片手によく遊びに行きました。林さんがもともと、芸術や創作に興味のある方だったので、私もつられて影響されました。松任谷由実さんもそうですが、都会の女性は「大人も、もっと遊びましょう」と、言ってるみたいなところがありますね。今でも「お金は貯めず、使わず、ずうっと寝て暮らしたい。はははは」と、ご自身のモットーを笑う林さんはカッコよくて、大尊敬しています。

ところで私は、ピアノがない生活が初のことで（学生時代は、探せばどこかにピアノはあるものでした）、時々無性にピアノを弾きたくなりました。鍵盤がなくなって初めてわかる衝動。そこで、自由が丘にあったヤマハに、ピアノのレンタルスペース

（音大学生用の防音室）を見つけ、たまに借りては無心に弾いていました。1時間450円での貸し出しというのは、当時の自分の時給くらいで、私には高かったけど、安かった。それほど気持ちのいい時間でした。

するると、ある日それを知った林さんが、「あら、ウチのピアノを弾けばいいじゃない」と、2階にあったピアノをあっさり貸してくださり、私は仕事終わりに、どれだけ楽しんだかわかりません。「ピアノはフタを開けてもらえないのが一番かわいそうだから」とのことでしたが、結局のところ、私は「笑っていいとも！」のレギュラーになるまで、足かけ6年もこのお店でバイトしてました（長居しすぎ！）。私の方こそ、フタを開けてもらったピアノなのでした（↑うまく言えてるようで言えてない）。

林のり子さん

PÂTÉ屋で教わったことはたくさんあり、書き出せばキリがないほどです。ただ正直、ちゃんとしたレシピなどは、すっかり記憶が薄れてしまっているのですが。

たとえば朝は調理をする前に、消毒液がはってある洗面器に必ず両手を10秒つける、というルールがありました。寒い冬などは冷たい消毒液はつらく、遠慮したくなりましたが、食品を扱うお店の基本で、何より優先されるのはお客さんのセッタイよりも、菌のテッタイ。常に衛生面でしっかりしているPÂTÉ屋に、いつかは保健所の方が抜き打ち検査に来たことがありました。そして検査後はなんと、こんなことを言われました。「すごいですね。ここまでならよしとされる衛生の基準値をはるかに下回ってるため、雑菌の数値がマイナスになりました。こんなことは初めてです」と。食材には完全に火を通すこと、表面を空気に触れさせないこと、しっかり冷却させることなど、殺菌や保存食の作り方について、よく学びました。

また、オーナーの林のり子さんがふとした時に言われた「まずは場所を作りましょう」という言葉も忘れられません。雑な性格の私は、どうしてもすぐに作業をし始めてしまうのですが、まずは目の前のボウルやまな板などの置き場所を作り、できるだけ広々と使えるよう、準備を整えてから調理を始める。そんなのは当たり前のようですが、言われてそうやってみると、心構えが違ってくるのがわかりました。こんなことは誰も教えてくれなかったことです。

習字で、墨を磨《す》る作業というのは、実はとても大切な時間らしいですね。すぐ筆を取り、（いざ）と取りかかる前に、まずは墨を黙ってただ磨るうちに、だんだん内側から（早く紙に文字をしたためたい、ああ書きたい）という気持ちが自然に湧いてくるのだそうです。これがあるのとないのとでは、気持ちも結果もぜんぜん違うのでしょう。「書いた、できた、終わったー！」自分は、ずっとそんな人生だったような気がしました。墨汁を買ってくれば、さっさとすぐ書ける。終わる。何のためだっけ？忘れた。忙しかったわー。と、意識がないまま、何も残ってないのではなかったか。

こんなことも思い出しました。実家の喫茶店の厨房《ちゅうぼう》には、シンク槽が隣り合わせに二つありました。一つには洗剤入りの水がはってあり、その中に使ったグラスやコーヒーカップをどんどん入れてつけ置きして、溜まった頃に、それらを一気にスポンジで洗って隣のシンクでゆすぐ、という工程。ところが、いざ洗おうと器を取り出そうとすると、カウンターの下に設置してあったこともあり、薄暗くて見えにくく、水の中ですでに割れていたグラスなどが手に触れ、指先をケガしてしまう。私もしょっちゅうやりましたが、慣れない新人などはなおのこと。それなのに、「危ないから気をつけて」とは言うのですが、「電気をつけて、明るくしよう」とは誰も言い出さない、いや、思いつきもしなかったのです。（この店は昔からそういうもの）（マスターが決めたことだし）という暗黙のルールとなっていて、よりよく、などという発想がそもそもなかったのでした。運が悪いと手をケガするよ、という伝説を残すがまま。どんなにやる気があっても、小さなケガや出血は簡単に人をくじけさせ、鈍化させるものです。今思えばなんで電気をつけなかったのか不思議ですが、こうして遠くから立ち止まって見たからこそ感じられたことで、忙しさには、案外当人には気がつかない、気がつかせないような謎のパワーがあるのかもしれません。

「場所を作る」というシンプルな言葉は、もと建築家であった林さんだから、「一回落ち着く」という思考に至ったのかな、などと想像してたのですが、それだけではなかったようで、林さんが確かまだ学生だった頃の、こんな話を聞いたことがありました。

ご自宅にたくさんのお客さんがやって来た時のこと。自分も手伝おうと思って、まずはキッチンに立ってながめてたら、「さっさと働きなさい！」と、いきなり叱られたらしいのです。しかし本人は「まず全体の動きを見て、人手が足りない場所に行こうとした」のだそうです。すぐ参加するのでなく、全体の流れを見てから動く。すると、（こうすれば人と人がぶつからず、洗い物は1回ぶん減らせる、ボウルも4つ使ってたのが半分だけで済む）など効率化されるのに、と。忙しいという「気迫」の中で、ただ流され、こなして行くだけでは、何の実りもなく終わってしまうのに。うろ覚えですが、そんな気持ちだったという話でした。考えてみたら、場所を作るとか、全体の流れを見るというのは、映画や音楽でいうプロデューサーの役割なんですよね。黙って客観的に見るという専門の仕事があることも、大人になってから知ったことです。

目の前の仕事をさっさと終わらせることしか頭にない、という状態がいまだに多い私ですが、ただ闇雲に働いて、感じたことの何一つメモもせずに一日を急ぐ、というのは、逆にものすごく怠惰なのかもしれません。林さんからの励ましの言葉も、言われて面白くなかった注意も、当時はたくさんメモしました。

仕事はしっかり厳しいところがありながらも、一日が終わると、ビールで乾杯しながら、みんなでいろいろしゃべってた日々、夕暮れ時のPÂTÉ屋の庭の緑があくびするような景色は、今も忘れることができません。

南伸坊さん

PÂTÉ屋でアルバイトを続けながら、私は週に一度、夜に池袋PARCOで開催されていた「パロディ講座」というセミナーに通うことにしました。広告を見た時、自分に向いてるんじゃないか、と直感し、そこに通うだけで（お笑いの世界に関われるんじゃないか？）と甘く考えたんですよね。当然そんなわけはありませんでしたが、講師陣はとても豪華で、満足してました。赤瀬川原平さん、糸井重里さん、荒木経惟《のぶよし》さんに南伸坊さんなどが、毎週かわるがわる教壇に立ってくれ、笑いについてパロディについて、実践なさってきたことや、その時に実感された話が聞けることにワクワクしました。しかし、こんな講座は当時はすごく珍しかったし、生徒数も20人にも満たないためか、月謝はけっこう高めだったので、（散財してしまったなあ……）とも思っていました。

一番忘れられないのは南伸坊さんの授業です。難しいことを言わない。っていうか、（講義なんか無理だよ、俺）という感じで、はじめっから最後まで、勝手に色んな有名人のモノマネをしてくれながら、生徒と一緒にただ笑うというだけの1時間半。私は呆れるような気持ちで（すごいものを見たなあ）と思いました。（ほかの先生はちゃんと知的に見せつつ実験的なことをなさってるのに、ハッキリ言ってこの先生ったら、なんてバカみたいな授業なんだろうか。文化人っぽくふるまわないなんて、おっかしいなあ）そしてみんなでこんな時間を過ごしたことに、理論なんかを聞くよりもすこぶる温かい気持ちになったんですよね。生徒全員、この時間で初めて一つになった気がしました。

しかもこの南先生は「パロディ講座なんてものに通うワリには、なんだかみんな暗いんじゃない？」などと笑い、「授業も終わったから、下でお茶でもどう？」と、将来が見えず、希望もなさそうなダサい十数名の生徒たちを、喫茶店に連れてってくれました。感激。私が大人になったらこんなことができるだろうか。見ず知らずの若者たちと、なんていかにも面倒だろうに。向き合って、つきあってくれ、個人の時間を喜んで差し出してくれるなんて、こんなことはなかなかできないよなあと、驚きました。ちょっと神様っぽいルックスだけど、半分は本当に神様なんじゃないか、なんて。「あの時はごちそうさまでした」と、私がその当時の話をすると、南さんはいつも「まったく覚えてないなあ～」とニコニコ笑うので、きっと普段から誰に対してもフラットで親切なのかもしれませんね（↑イメージアップの恩返し）。

さて、そのうちにバイト先であるPÂTÉ屋で、林さんのご親戚である、高橋みちこさんを紹介していただきました。林さんのお兄さんの奥様の妹さんで、番組制作のプロデューサーである高橋さん。私はもちろん（ぜひ何かあったらよろしくお願いします！）という気持ちでしたが、クニ河内さんというミュージシャンのラジオ番組を立ち上げようとしてた高橋さんは、相手役を探しているタイミングだったらしいのです。「清水さんはどんなことができるの？」と聞かれ、「コントを書いたり、あと、モノマネとか」と、モゴモゴ返事をしてると、「デモテープなんかある？」と聞かれ、私は（喜んで！）と言わんばかりに、食い気味に返事をしました。なるほど、デモテープを渡せばいいのか。てっとり早いとはこのことでした。

後日、たくさんネタを書いた用紙と、人生初のデモテープをお渡ししました。はりきって作ったもので、あんなに夢中になった体験はそれまでありませんでした。なんせ、アパートの隣に住んでる方に聞かれたら恥ずかしいので、(絶対に聞かれまじ!)とばかりに、真夏なのに毛布をかぶって録音。しかも自分なりのアイデアで、2台のカセットデッキを駆使する、という多重録音をしてたので(間違えたら一からやり直しになるぞ!)と、その蒸し暑さに耐えながら、慎重かつ丁寧に録音しました。その甲斐あってかオッケーをいただき、クニさんの番組を手伝えることになりました(キター!)。どれだけ嬉しかったかわかりません。

しばらくは昼は身体を使って働いて、夜はアイデアをどんどん書いていき、心身ともに働いては眠りにつくという、精神衛生上、すこぶる健全な日々でした。番組のタイトルは「クニ河内のラジオ・ギャグ・シャッフル」。東京の制作会社で録音したテープを、福岡や札幌などの地方局に送る、というアナログなものですが、80年代はそんなことがまだ普通にあったのです。そしてその感想などのハガキの束が、放送後2週間ほどしてから自分の手元に届くのですが、一枚もらって読んでからというもの、待ち遠しくてたまりませんでした。いただいたハガキは繰り返し読み、こちらからも返事をせっせと書いては出していました。顔は見えなくても、どこかの誰かに喜ばれているという実感ほど、人の背中を押してくれるものはないもんですね。

そのうちその制作会社から、「こんなのも書いてもらえないか?」と、真面目な番組のアイデアも依頼されたりして、私は(放送作家になれるかも!)という希望が見えてきました。旅行もそうですが、一番楽しいのは(さあ始まるぞ)という、まだ始まってもいない、夜中に荷造りなんかをしてる時だと思うのですが、ドキドキしたり、ソワソワしたりと、期待がふくらんで、まさに夢がもうすぐ、と思えるような青春がここから始まったのでした。

クニ河内さん

ラジオ番組「クニ河内のラジオ・ギャグ・シャッフル」の放送作家兼、クニさんのアシスタントとして、週に一度の収録が決まりました。とは言っても当初は九州地方のみの放送でした。クニさんはコマーシャルソングの大家でもあり、「ピッカピカの一年生」「ブルドックソース」など、ヒットメーカーでありながら、70年代の日本歌謡祭では「透明人間」でグランプリも受賞なさってる大作曲家であります。それなのに常にひょうひょうとしていて、ふんぞりかえったりするところはありません。短くモノマネするとしたら「あ、そうね」というひとことです。博多弁で（そうなんですね、理解しました）という意味なのですが、ほぼこの言葉のみで会話が成立しておられます。

照れ屋でありながら、人をいっさい否定せず、またダジャレが大好き。いつかあの田辺エージェンシーの田邊昭知さんが、クニさんに作曲を依頼し、「もうちょっと曲を色っぽくして欲しいんだよね」と、再度発注すると、クニさんは「わかりました〜」と返事をし、次回「これでどうでしょう？」と出したのは、ピンク色の譜面だったという話があります。音楽家としての意地だったのか、単にイタズラだったのか。たぶん後者です。

私には「手伝ってくれんね？」と、博多弁でコマーシャルソングの仕事も依頼してくれました。嬉しかったなあ。業界用語と博多弁のギャップはいつまでたってもチグハグでおかしかったですが、コマーシャルソングという短く凝縮された音の世界は、とてもスリリングで面白い体験でした。「丸美屋の麻婆茄子」や「資生堂バスボン・シャワーソープ」など、短いフレーズを歌わせてもらったり、「フマキラー」や「セブン-イレブン」のコマーシャルでは、それっぽいナレーションも頼まれ、「使用上の注意をよく読んでお使いください」など、まるで長年やってきたようなベテラン風の声で収録。我ながら（自分らしい！）と思いました。今でも声の仕事は大好きで、どんな依頼も「喜んで！」の二つ返事です。クニさん、あの頃は本当にありがとうございました。当時はテレビで流れるたび、（あれ歌ってるの、実は私なんだよね。フフフ）などと、一人で悦に入ってたものでした。

新しくできたクニ河内音楽事務所には、大きなスタジオもあり、たくさんのミュージシャンの録音を見学させてもらいました。田舎から出てきた私にとって、音楽で生計を立てているというプロの存在を「生で見る」のが人生初だったので、（本当にいるんだ！）と、尊敬の目をむけました。

そんな現場で忘れられなかったのは、ギタリストのAさんです。プロのミュージシャン、当然ものすごくうまいのです。それなのに、自分の演奏をすぐに卑下、反省する癖があるようでした。完璧を求めて、録音をやり直す回数がハンパないのです。芸術家肌とでもいうのでしょうか。バンマスであったクニさんが、珍しく困ったように口にしたのが、「Aさんはさあ、腕より性分を直した方が早いかもしれんとよ」。ガーン。私は関係ないのに、その言葉がなぜかとても刺さりました。腕と性格！　人間って両方持ってるからややこしいのだなあと。テクニックがすごいと言われるような人は、細かいことにこだわりすぎたり、逆にあきらめきれなくなるんでしょうか。要するに、もっとできると考えたいんですよね。そう思うと、あきらめが早いってのも、案外ものすごい長所かもしれませんよね。

そしてその当時、たまたま私が読んでいた山下洋輔さんの本の中にも、似た言葉がありました。山下さんと、超ストイックなジャズミュージシャンとの対談だったのですが、悩み多き彼に山下さんはこう言うのでした。「コルトレーンみたいな演奏ができないなんて、いくら悩んだってしょうがないんだよ。でも、どんな名演だってしょせんレコードだろ？　指で針を上げたらすぐ止まっちゃうんだ。でも俺らのナマの演奏を力で止められるヤツなんていないよ。生きてて、演奏をしてる。それだけですごいんだよ。充分じゃないか」。うろ覚えですが、そんなお言葉。

コルトレーンと、ショパンと、大谷翔平と。優れた他人と自分を比較して落ち込むのは、若い時には誰もが経験しそうです。今夜もどこかでそんな比較をして悩んでる人がいるかもしれません。でも比べてるのは自分だけで、時間の無駄であることも、一方ではよくわかっているはずです。少年よ、切り替えて一歩を踏み出そう、ですね。人はできないことを認めたくない生き物ですが、あきらめるラインも引きながら前に進めば、自分にしかない個性がやっとわかるというもの。

話を私にもどしたいので、ここからはあきらめて読んでもらいます。ある日、クニさんのライブにゲストで呼ばれました。私にとって初ライブ出演です。PÂTÉ屋の林さんや、のちに私の結婚相手となる、ラジオ番組のディレクターも客席に来てくれ、自分は人に支えられてるし、これからもステージで歌うかもしれないと思いました。

3年ほど前、テレビ番組のサプライズ企画でクニさんと再会し、私は突然の登場に心底驚きました。ニコニコしてるクニさんに「あの頃は、本当にありがとうございました。いつかあんな失礼なこともありました。ごめんなさい」とペラペラとしゃべると、「あ、そうね」で、終わってしまいました。変わってなさすぎ〜！

ジァン・ジァン

PÂTÉ屋でバイトしながらラジオの仕事も、という時期も、私の一番の楽しみはやっぱり矢野顕子コンサートでした。矢野顕子さんに限ったことではないですが、誰かを好きになるって、ものすごいエネルギーをもらえるもんなんですよね。誰かの追っかけをしてる人は、追いかけられてる当人よりも、よほど幸福を享受しているんですよね。

矢野さんのコンサートは、大きなホールだけでなく、渋谷のジァン・ジァンという小劇場にも毎回足を運んでました。公園通りの山手教会の地下にあった小劇場なのですが、漂う威厳が違ってました。「ウチはただの商売でやってませんよ。人を選んでますんで」と、入り口にそう書いてありました。というのは嘘ですが、そんな感じがじわりと伝わってくるのです。もともとの建物に威厳があるからなのか、それとも威厳のある人間に使われるうちに、建物にもそれがだんだん伝わってくるのか。今はもうなくなって、普通の喫茶店になってるのですが、失礼ながら風格はみじんもなくなり、むしろ大衆的になっているので、やはり後者なのでしょうか（↑現在はライブスタジオになっています）。

その老舗は、あのユーミンもデビュー当時よく出演されてたそうですが、絶妙に不思議な地下スペースには、オバケが出てもなんだか自然で驚かなそうだし、じっさい美輪明宏さまも出演の常連でした（じっさいって何だ）。Jean-Jean と書いて「ジーン・ジーン」でも「ジャン・ジャン」でもなく、「ジァン・ジァン」と表記される店名とか、そんなところもちょっとよかった。まさかのちに自分が出られるとは夢にも思ってませんでしたが。

そのジァン・ジァンでライブが始まるのは毎晩19時からでしたが、私のバイトも19時まででした。バイトの交代ができない時は、遅刻覚悟でのチケット購入も多かったものですが、矢野顕子さんのライブがあったある日のこと、息せききって階段を下りると、なぜか持ってたはずのチケットが、カバンのどこを探しても見当たりません。すでにライブは始まってます。モギリのお姉さんの目の前で、「チケット、確かに持ってたんですよ」と言いながら、泣きたいような気持ちでした。結局チケットは見つからず、あきらめて帰らざるをえませんでした。何をしとるんだ私よ。それなのに、ライブ中のピアノと歌声は壁を通してよく聞こえ、震えました。不幸なのか幸せなのか混乱しながら、その瞬間（そうだ！）とひらめいて、思いきってこう聞いてみました。「すみませんが、チケットを忘れたのです。邪魔にならないようにこの階段に立って聴いててもいいですか」。お姉さんは何も言わずに、首を横に振りました（おそらくそんな質問は今までなかったので、断るしかない、という感じ）。帰り道に私はこう思いました。（わざわざバカ正直に聞いたから断られたんだ。誰もいない階段なんだから、黙ってポスターをながめている、という芝居でもしていれば、何曲かは聴けたはずだったんじゃないか！）と、我が身の愚かさを二重に恨みました。私にとって特に大事なことだったので、あきらめられなかったんですね。それにしても質問ってものは、したとたんに答える方に責任が生じてしまうもの。「善と立ち聞きは黙って行え」清水ミチコ語録の誕生です。

ところで、楽しく続けられていたラジオ番組でしたが、2年が過ぎる頃、あえなく終了となりました。この知らせを聞いた時は、糸がぷつんと切れてしまったような感じで、この世の終わりのように悲しかったです。今ですらレギュラー番組が終わるのは寂しいものですが、当時それ一本しかなかった私は、世界が真っ暗になり、かなりへこみました。（生きがいなんて、いっそ知らなければまだよかったの）などと、古い歌謡曲のような気持ち。

でも、そんなある日のことです。「渋谷ジァン・ジァンで、新人オーディションがあるらしいよ」という情報を知り合いが教えてくれました。オーディションに合格すると、日曜昼の部の2時間、素人でもステージに立つことができ、決まった使用料はなく、チケットの売り上げを、ジァン・ジァンと折半にするという方式だとか。あのジァン・ジァンが素人に岩戸を開けてくれるのか！　しかもオーディションは苦手で敬遠してた私には、「デモテープで審査」というのが、大変好都合でした。（ラジオの時に作ってたデモテープでいいじゃないか！）雑。希望がさしたのに雑。私はそれを封筒に入れて送ってみました。

しかし、ひと月待っても、3か月たっても返事がなく、それから1年後にはあきらめもついて、自分が応募したことすらすっかり忘れてました。するとある日、「渋谷ジァン・ジァンです。連絡ください」と、愛嬌《あいきょう》もなく、ぶっきらぼうな留守番電話が入ってました。この覇気のない感じ！　間違いなく本物のジァン・ジァンスタッフだ！（言い方）と、直感でピンと来た私。翌日、すぐ電話しました。すると、「審査に通りましたので、よければ打ち合わせに来てください」とのこと。よければ、だって！　いいに決まってる！　あの矢野顕子さまが弾かれたピアノを、この手で触れるかもしれないんだぞ。ああ、この電話にお愛想なんていらない。むしろこっちのニタニタを抑えるのと調和して、お互いちょうどいい温度。

かくして、打ち合わせがあったのは9月のことでしたが、翌年1986年2月16日、日曜日14時に、私の初単独ライブが決まりました。なんでまたこんな詳細に覚えているかと言うと、手書きのチラシを部屋で何度も書き直したからです。私は本当に嬉しかったのです。ジァン・ジァンが、入れなかった時もあったあの小劇場が、あっちから私を呼んでくれている。しかも客席じゃなく、ステージに。そんな気分だったのでした。

永六輔さん

いよいよ、ジァン・ジァンでの私の初ライブが迫ってきました。「ぴあ」で自分の名前を確認すると、そこで初めて（本当に出るんだな）と、強く実感しました。出るのはわかっているのですが、改めて文字で確認すると、もうもどれないんだ、という決定的な気持ちになるんですよね。私の友人が、（夫と絶対に離婚する！）と強く決めてたのに、いざ離婚届の文字を改めて見ると、本当に別れるんだ、という現実が身に染みた、とぶっちゃけてたことがありましたが、よくわかる気がします。

「字」の持つ魔力って不思議ですよね。子供の頃に必ず学校で「将来の夢」を書かされたのも、「漠然とでいいから人生に目標を」という、さりげない親心だったのかもしれません。字にすることによって、初めて自分で自分の心をのぞき見ることができるという。

また話がそれてしまいました。本番当日の話です。客席はガラガラで、声をかけた知り合い20人ほどと、冷やかしで入ったらしきお客さんが2、3人。それでも私は楽屋でガチガチに緊張し、紙コップのコーヒーで温めても、指先がどんどん冷たくなりました。そして、いざ開演。何をしゃべったかはまったく覚えてませんが、10分ほどたった頃に、客席に大柄な男性が、静かにそーっと入ってきました。ダウンコートがすごく目立ってて、私はライブを続けながらも、ふとその人の顔を見たら、永六輔さんだ！　とわかりました。一瞬ひるむ私。

ところがです。またしばらくしてからふと見ると、ほかの人よりも（たまらん！）という風に、ものすごく体をねじって笑ってくださってるではありませんか。その大きな体を揺らしながら、たまに涙を拭いてます。私は自分でもみるみる自信がつくのがわかりました。そんなつもりはなくても、あれ以上の応援があるでしょうか。おまえは神か？（おまえとは何だ！）私は強気で行けました。

笑い上手という言葉があるなら、まさに永さんはそれでした。おなかから爆発するような笑い方は台風のようで、同時に人を幸せにし、場を浄化するかのような無邪気さがあります。客席はいつのまにか、永さんの笑い声につられて笑ってしまうという効果もあり、私もさっきまでの緊張はとうに消え、指先も気持ちもじんわり温かくなり、軽快にステージを降りました（ライブって最高だ！）。

翌日、連絡をいただき、永さんとお会いしました。あの姿を思い出しながら、（どんなに褒めてくれるだろうか）と期待したのですが、アテは外れ、注意の嵐で驚きました。「とにかく態度が悪いね。終わったあとに、おじぎもせず『ありがとうございました〜』と言いながら、もう足の向きがステージを降りようとしてる。あれはよくない。芸人はね、どんなにふざけても始まりと終わりには、ちゃんと客席に向かっておじぎ、挨拶するもんなの」。そう言われて（芸人て！　私、芸人なのか？　いやでも、こんな芸能のベテランがそうおっしゃるんだからきっとそうなのかも）という気になりました。今でもジャンルやカテゴリーなんて、人が勝手に決めるのでいいと思ってます。いくら「モデルです」と言い張ったって、「今日も落語やってね！」と、ずうっと言われ続けるんだったら、そっちではないか。需要と供給では、完全に需要がモノを言いそうです。

「あとキミ、名前を名乗ってなかったからね。最後まで」など、うっかりさもご指摘いただき、また「普通のモノマネだと、黒柳徹子クンなんか、高い声でキンキンまくしたてる人が多いんだけど、キミの耳には低く聞こえるのかと思って、そこはとっても驚いた」ともおっしゃってました。私は（あの黒柳さんのことをクンづけしておられる！）と、二人の信頼関係に軽く意識が飛びました。そして、「あなたね、まずモノマネの歴史って知ってるの？　江戸時代に門付《かどづけ》と言ってね、」と、その流れるような話しぶりとうんちくは、話芸とはこのことかと思わされるような濃密さでしたが、「少しは自分で調べなさい」と、最後はチクリ。

「門付から始まって、そのあと声色《こわいろ》って呼ぶ時代もあったけど、キミみたいにレパートリーに対して辛辣《しんらつ》なモノマネってのは、歴代いなかった。普通は持ち上げるよ。だから新しいジャンルとして、職種名を作っちゃえば？」と、そこから一緒に考えてくださいました。厳しくて優しい。ホロリとしてるうちに、永さんは（そうだ）という顔で言いました。「ボイス・コピーはどう？　声のコピー」「はあ。そうですねえ」今考えたら笑っちゃいますけど。「職業は？」「ボイス・コピーです」「は？」ですよね。そして、結局最後に永さんが「そうだ、イミテーション・コピー・シンガーはどう？」と出してくれた言葉に、「それにします！」と返事をして、私のジャンルは決まりました。

しばらくはインタビューなんかで「職種は何になるんですか？」と聞かれれば、真顔で「イミテーション・シンガーです」と、恥ずかしげもなく名乗ってました。そして必ずそのあと「それはどういうことですか？」と、こちらよりももっと真顔で聞かれ、私もそれを「つまりですね」などと説明するうちに、だんだん面倒になってきました。1年後には、一番融通が利く「タレント」に変更（テキトー）。

永さんの言葉をメモしながら聞いてた私でしたが、永さんもまた、初日の感想をメモなさってたらしき手帳を開いては、「あ、そうだ。これも言わなくちゃ」と、たくさんダメ出しをしてくださり、最後にこう結びました。「とにかく、ひとことで言うとね。キミは芸はプロだけど、生き方がアマチュア」

遠くへ行きたい

「百の練習より、一回の本番。キミまず、場数を踏まなきゃダメだよ」と永六輔さん。聞いたことのなかった「バカズ」という言葉の響きに、口角があがってしまいそうな私でしたが、永さんのラジオやライブのゲストとして、何度かお声をかけていただきました。そんな時は私も（この方の期待にこたえたい！）と張り切ってました。

そんな永さんご本人の活動は、「自分の芸能活動は自分で決める」という風で、旅好きでもあることから、しょっちゅう地方に出向いてはそこで講演などしながら、土曜日はラジオのために赤坂へもどる、というライフスタイルのようでした。私のふるさとである高山からハガキをいただいたこともあります。まさに「遠くへ行きたい」（作詞・永六輔　作曲・中村八大）です。日本中を旅しながら、口だけで生きていける。フーテンの寅さんが実在していたことになります。（映画みたいな、こんな生き方が本当にできるんだなあ）と、驚きと尊敬が入り混じりつつ感服。

興味のあることしかしない、と決めておられるのか、ストレスもなさそうでしたが、反面でパンクなところもありました。「永六輔24時間しゃべりっぱなし」という、まさに本番が24時間という長時間のライブを紀伊國屋ホールで決行。当時そんなことをした人物は誰もいませんでした。お客さんは寝てもいいし、途中で出てもどってきてもいいとのこと。ホールもよくぞそんな長時間貸してくれたものだと思います。信頼関係ですなあ。いわゆる文化人という存在でありながら、あの当時の永さんこそ、私には「これぞ芸人」という感じがしたものです。

ただ、声が大きいので、怒鳴ると本当にカミナリのようで、（人が見てる……）と思うと、気落ちする前に、恥ずかしさでクラクラしました。ある日、ゲストとして出たステージで「このセリフをきっかけに、音楽をかけてください」と音声さんに頼んでいたのに、何がどうしたのか、いつまで待っても音が出ず、私はただ（あれ？）と立ちすくむということがありました。終了後、永さんから「音が鳴らないだけで、ぼーっと立ってるって何なんだ！　バカ」と叱責。泣きっ面にハチでした。しかもそこにはたまたま、なぎら健壱さんがおられ、いまだにニカッと笑って「あん時ミッちゃん、叱られてたねえ〜。俺、見てたもんね〜。しょんぼりしちゃってんの。ウッヒッヒ！」と、しょんぼりした顔を再現しながらからかわれます。泣きっ面にハチの上に塩をぬる男。

それからの私は、人前で誰かを叱責しないこと、そして叱責された側を決して笑わない、という二つを人生の指標に生きてきました。と、いうのは冗談ですが、今思えば叱責されたのはこの日が最後で、今は誰にも叱られません。これからもきっとそうなのでしょう。大人になるって、誰にも注意されなくなるってことなんですね。面倒だから。ちゃんと本人の目を見て注意をくださったこと、実はとてもありがたいことだったのでした。おかげで、あれから場をつなぐということを覚えました。内心（音声さんは叱られんのかい！）なんて思っててすみませんでした。

ライブを観てくれた方の中には、お笑い専門の批評家の方もいました。ロビーで「今、あなたのライブを観たんだけど」と声をかけられ、こんな言葉をもらいました。「あなた、自分では気づいてないかもしれないけど、舞台で上半身の動きでしか表現してないのが、とてももったいない。明日からでもパントマイムを習うといいよ」とのこと。ひえー。（なんと、自分は下半身に動きがなかったのか！）と、謎の言葉に動かされ、「パントマイムスクール」を都内で探して、行くことにしました。あとでよく考えれば、（下半身に動きのある方がむしろ特殊では？）とわかるのですが、その頃はどんな言葉でも吸収しなきゃ、と思っちゃってたんですよね。アホでした。しかも、数年後にお会いしたその方に「パントマイムの話、覚えてます？」と聞くと「え？　まったく覚えてない（真顔）」とのことで、記憶にもなかったという。近くで見てくださってた永さんのイラだちと比べると、遠くから見てる人の意見というものは、基本軽い気持ちのつぶやきなんですよね。これをわかってないと、ネットの冷酷な言葉などにクヨクヨしてしまい、時間がもったいないです。

ところで、いざパントマイムスクールに行ってみた私は、（なんか絶対違う、笑ってしまう）と感じ、体験レッスンだけで終わりました。いまだに「壁」もできません。ただそのスクールには、自分よりも若い人たちがたくさんいて、見えないはずの「壁」や「階段」を、そこにあるかのように全身で工夫し、表現していました。その姿がキラキラしてて忘れられません。私がやりたいこととは違うけど、遊びを真剣に構築しようとする世界に、（この人たちは生きてるなあ！）って、ちょっと感動してしまいました。つくづく人間は何かを表現したくなるように生まれついてる生き物なんですね。それがよくわかった瞬間でした。本で読んだ言葉ですが、どんな世界的な芸術家も、売れないお笑い芸人でも、一つだけ共通していることがあるそうです。それは「自分がここに生きています、という爪跡を残したい」なんだとか。納得。

ジァン・ジァンでの私のライブは、永さんが各方面で告知してくださったおかげで、みるみるお客さんが増えてきました。その中にはテレビのスタッフもいて、深夜番組の出演が決まりました。私は26歳になっていました。

80年代

コロナ禍で人数制限されていましたが先日、国立新美術館での「ファッション イン ジャパン 1945-2020—流行と社会」展に行ってきました。洋服の流行の変遷を、歩きながら見て楽しめるユニークな企画。戦時中でも、カスリの着物やモンペの中に、オシャレな着こなしがあったことに（やっぱりいたんだ！ こういう女性が）と、妙に嬉しかったり、50年代のレトロな配色や優雅さにうっとりさせられるなど、歩き進むうちに、歴史と洋服の密接なつながりも見えてきます。渦中にいた人間は、まさか時代を反映させようと思って洋服を着てないだろうに、こうして振り返ればこんなに象徴的に時代が映し出されてるのが面白いです。

しかし残念ながら、優雅さや美しさは70年代でピークを迎えた、という感じでした。80年代に入ると、とたんにあれっと思うほど、際立ってダサくなるのです。なんなんでしょう。ボディコンや肩パッドなど、身体を妙に尖鋭《せんえい》的かつ強調したい感じになっている。ハッキリした強い原色使いも多くて、ケバくなっているのが不思議でした。経済的にも潤って、のぼり調子の時代だというのに、下品になっていくなんて。ファッションに詳しいわけじゃないですが、80年代だけは誰にだってハッキリそれが感じられると思います。何も知らない人が見たら、80年代の日本に何か精神的にショッキングなことでも起こったのか？　と驚くのではないでしょうか。「衣食足りて礼節を知る」どころか、衣食足りすぎて、逆に変テコになってしまったという。もちろん私も80年代の渦中にいた人間なのですが、もっと下品な羽の扇子や、極端に過激なファッションに呆気に取られ、（あれに比べたら自分はまだいい方）と、都合よく思っていただけなのかもしれません。

私はといえば、とにかく全身黒ずくめの洋服こそオシャレ！　と信じてました。黒こそ正義なり。やはり時代がどうかしていましたし、時代と同化していました。そしてその年代のバラエティ番組も異様に戦闘的で、「オレたちひょうきん族」「夕やけニャンニャン」「天才・たけしの元気が出るテレビ!!」など、テレビ界全体が〝もう思いっきりふざけよう！　やってみようぜ！〟という熱いパワーにあふれていました。

色んなものがハイテンションだったんですね。

　そしてそんな中、深夜枠でお笑いや演劇、音楽のライブを、新人限定でいち早く放送するという、地味ながらも画期的な番組がフジテレビで始まりました。まだあまり知られていない、いわゆるポッと出の新人に30分という時間を一本託すというのは、実はかなり実験的な試みではなかったかと思います。結果によっては事故のような悲惨さが待ち受けている大きなカケだからです。タイトルは「冗談画報」。司会は泉麻人さんでした。司会は番組の顔、というのは本当で、泉麻人さんだったからこそ、番組の中にはサブカルっぽさが漂っていて、さりげないフォローのうまさは、出演者の誰にも大きな救いとなってたようでした。テンションの低さもまた、新人をビビらせたりしません。そしてこの番組が私のテレビ初出演となりました。

　当時は河田町にあったフジテレビの、ライブ会場仕様にしてあったスタジオで、私は普段ライブでやってたネタの中から30分ぶんをチョイスしました。ついに私の中の矢野顕子が歌を披露する日が来たのです。ライブが終わるとインタビューコーナーがあり、「なんと清水ミチコさんは、この番組がオンエアされる頃には、もう結婚されているんですね」と泉さん。結婚式を翌週に控えながら新人としてデビュー。人から応援してもらおうって時に安定してどうするんだ、でしたが、これはさすがに80年代が変だったわけではなく、私の行き当たりばったりの性格ゆえです。そんなわけでたまたま結婚が重なってた私は、確かに仕事とも結婚したかのような生活になりました。

結婚といえばある日、オットの学生時代の友人たちがウチに遊びに来た時、酔っぱらった一人が私にこんなことを言いました。「あいつを選んだのは正解ですよ。とにかくあいつは昔っからガマン強いから。結婚に向いてます」。その人は離婚されたばかりとのことで、当時は（面白いことを言う人だなー）と思ってましたが、今思うとなかなか真実を突く言葉だったかもと思います。

結婚に必要不可欠なもの。それはガマン。歌に表現されるような世界と違って愛は意外とガマンを好むようです。いやむしろ、ガマンさえあればいいくらい。All You Need is GAMAN. 結婚だけではなく出産、育児、家計、家事、近所づきあい、冠婚葬祭、いろいろ試される機会は日々やってくるのでした。

話がまたたっぷりとそれてしまいました。よくここまでガマンしてくださいました。テレビに出てからは、仕事がずいぶん増えて忙しくなってきました。また、街を歩いていると声をかけられ、とっさにその場で編み出したサインを書きました。普通の縦書きの名前でしたが（編み出せてない）、そのうちに、写真や握手などを頼まれることも珍しくなくなってきました。会っただけで嬉しそうにされると、こっちまで照れくさくもくすぐったい。その時は渦中にいたから気がつかなかっただけで、私も時代とともに確実に浮かれ始めていました。

モノマネ

秋からライブツアーを予定している私。久しぶりに、新宿は伊勢丹へ出かけ、スタイリストさんとライブ用の小物などを買い物してきました。仕事のためとは言えど、やはり買い物という行為はとても気が晴れます。頭の中に、ファンファーレが鳴り響くのがわかります。デパートにはそういう機嫌のいいお客さんが集まりがちなためか、いつもいい「気」に満ちているよう。売り場の磁場よ永遠なれ。この時期もお店がなくならないでいてくれて、ありがとう！　でした。

ところで、歩いててふと感じたのですが、売り場の店員さんは、その商品のムードに似てくるようになっているのでしょうか。宝石売り場には、宝石みたいな感じの人が立っているし、食料品売り場では気さくな感じの方が接客してくれている。洋服なんかでも、ブランドの特徴そのものが、店員さんとなってるみたいではありませんか。

マルジェラにはマルジェラっぽい人、みたいな感じがするのは、着ている服のせいだけじゃないという不思議よ。モノマネ好きな私ですが、こうして見ると、実はモノマネしていない者などおらず、人は知らず知らずのうちに、こうして何かのモノマネを無意識にしてしまっているのではないか、と思えてきます。

動物園に行っても、そう感じたことがありました。飼育員さんが、動物の状態や表情をしっかりと細かく読み取ろうとするうちに、担当する動物に似てくるのもまた、自然な話なのかもしれません。視線を注ぐことは、思いやり、また愛にも似て、その対象を深く理解することができ、同時に自然に自分と重ねるのではないでしょうか。幼稚園の先生は明るくはつらつとしているし、古物商は落ち着いた寡黙な人が多く、蕎麦打ち職人はだんぜん痩せ型が多い。最後の例はいらなかったかもわかりませんが、人は目先の対象物に必ず感化させられるようにできてるんですよね、きっと。不良ですら、始まりは誰かのモノマネからだろうし、音楽もリスペクトのもと、好きなバンドのコピーからという話はよく聞きます。学園もののドラマで有名なあのセリフ「腐ったミカン」のたとえも、人間はいつのまにか自分に近いものに影響を受けがちなものなんだ、という心理だったんですね。ですから、今現在これを読んでいるあなたも、何かの、いや誰かの長年にわたるモノマネの歴史、蓄積の結果である、といってもいいのです。どんなに飲んでもその身体はワインでできてるのではなく、無意識にやってきたモノマネでできているに違いありません。母の、父の、そして好きな誰かの。そこに似ているのかどうか、などという反省や振り返りはいりません。自然発生的な、無意識のタマモノ。一番美しいモノマネ。

私の弟がまだとても幼かった頃に、好きな電車や飛行機のおもちゃをうっとりながめていることがありました。（どうも弟はただ見てるってだけではなさそうだな）と、本人をしげしげ観察していると、どうやら完全に自分自身と電車を重ねてるようなのでした。今電車になってるんだな。曲がり角に来たらしい。ちょっとナナメに傾いてんの。バカだなあ。もはや車掌でもないんだ。あーおかしい。電車目線だから、幽体離脱のような感じなのかなあ。擬人化する気持ちはなんとなくわかるけれど、電車になりたい、という思いは、さすがに私にもわかりません。だいたい電車のどこがいいんだろう。ま、ここですね。興味が持てないから、理解もモノマネもできないという。心の視界に入ってこないんでしょうね。かといって、弟に「おまえ、さっき電車に似てたから、ここでやってごらん」と言っても、もう同じようにはできないでしょう。

自然にやってたことであればあるほど、再現するとなると、こんがらがってしまうところがあります。ピュアな気持ちでなりきっているのと再現では、ぜんぜん根本が違うんですよね。

なんで自分はモノマネを表現したいのだろう、ということを考え始めるとだんだんよくわからなくなりますが、やっぱり一つは変で面白いからということ、そしてそこを褒められた経験があるからだと思います。変なことには吸引力があります。似てても変、似てなくても変。どのみち、大人がやることじゃないことだけは確かですが。振り返れば今年でデビュー35年にもなる私ですが、いまだにモノマネの不思議さや得体の知れなさには計り知れないものがあります。奥深いものなのか、それとも意外とめっちゃ浅いのか。似てるとなぜ人は喜ぶのか。その基準はどこにあるのか。いまだに正解はわからないのです。

正直私は、モノマネしたい！　などと一度も思ったことはなく、本気でその人になりたいので、この軽いヘンタイ的な気持ちは、人より強いと思います。誰かになって歌うのは楽しいけど、自分の中に湧き出るものを表現したい、と思ったことは一度もないのです。しかも誰かになって歌ってる時は、自分でも一番清らか。そこも不思議。

「あれで?」と言わない。でも時々想像すると怖くなるのは、これから年を取って、自分がボケちゃった時、誰かのモノマネを延々してたらどうしようということです。ありうる〜。ま、笑ってもらえるならヨシとするか。

笑っていいとも！

先日、ムスメの結婚式がありました。コロナ禍でもあり、時間も短縮された、ささやかな式でしたが、自分の時よりもずーんと深く感じ入るものがありました。感激してしまったんですね。

というか思い返せば、結婚式当日の花嫁ってぶっちゃけ、やることはいっぱいあるのに、幸せそうな顔をしなきゃいけないという、謎の大芝居をすることになるので、案外頭の中はてんてこまいなんですよね。想像と違いました。まわりへの気遣いもマックスになるし、実は感激してるヒマなんて1秒とてありえないのです。（Aさんがまだ席についてないぞ。また遅刻か、あ！　すっぽかしたのかも）（あれだけ説明してた料理がこれ？　ショボすぎなんだけど！）（親が来た。ニヤニヤするのやめて欲しい）（親戚よ、なんでこんな歌を選曲したんだ？）など、思いはぐるぐるめぐり、とても「これから幸せに」などとしっとり思うヒマはありませんでした。

しかしそれに比べると、ムスメの式はぜんぜん違います。親なので気持ちにだんぜん余裕ができるらしく、(ああ、これが家族の句読点なんだなあ～)という時間と感慨に、とっぷりひたれました。そしてさすが今の若者で、費用が安いっていうのもカッコよかった。牧師さんの息子さんと結婚したのですが、お父さまが中央に立って誓いの言葉の問いかけをしてくださったのも、失礼ながらイケメンでもあられるので、まるでドラマの1シーンを観てるようでした。私はしみじみ思いました。コロナ禍という時期を経てからの結婚式場のあり方というものは、こんな風にシンプルで肩の凝らないものにどんどん変わって行くだろうなあと。短いという親切、気さくというサービスのプライスレスよ。

さて、ムスメでなく私の結婚前後、さかのぼること34年前の話をさせてください。フジテレビの「冗談画報」という番組に出たあと、「笑っていいとも!」のレギュラーのオファーがありました。あのタモリさんの横に、毎週座れるかもしれないなんて! タモリさんのライブで感激して以来、尊敬し続けてきた私にとって、どれだけ意味がデカいことかわかりません。あんまり感激が表情に出ない私ですが、ついに、という感じがしました。「本当ですか？」と言いながら、目がつりあがってたと思います。そのくらい気迫があったという。

　ところが私は結婚1年を過ぎ、妊娠してました。当時、いいとものプロデューサーだったサトちゃんこと、佐藤義和さんに告げると、「妊婦のレギュラーなんて聞いたことないから、かえって面白いじゃない」と、笑っておられました。とんとん拍子に話は決まり、どんどんおなかも大きくなる中、とりあえず番組の中では、タモリさんと清水の名前を取って「おタモしみラジオショー」というコーナーを企画してくださいました。ラジオブースのようなセットの中で、タモリさんと向き合って話す私は、ずいぶん落ち着いて見えたようで、よく「ベテランのアナウンサーが出てきたかと思った」と言われました。

　直接お会いするタモリさんは想像以上に明るくて気さくで、また気配りのある方でした。一番ビックリしたことは、振り返ればいつもどんな時も毎日ニコニコしてらっしゃったということです。想像より人格者というか、日々誰にだっていろいろあるのが人生なのだし、タモリさんにだって（今日はオレちょっと不機嫌なんだよな）という時があってもよさそうなものなのに、そういった顔を現場で一度も見せたことがありません。いつも機嫌よくそこにいる、ということは、一番大切なマナーですよね。社会で、家庭の中で、いや一人でいる時ですら、自分に対して上機嫌でいることができる人がいたら、それは人生の成功者、本物の上級国民です（使い方が違う）。一番大切なことができておられたんだなと、今さらですがつくづく感じます。

そのうちに、私の所属事務所をどこにするか、決めなくてはいけなくなりました。色んなところからオファーも受け、早く決めなきゃと迷っていると、プロデューサーのサトちゃんが「そんなのさあー、旦那さん（ラジオ番組のディレクター）が事務所作っちゃいなよ。だってさ、芸風も個人芸みたいなもんじゃない？」と、言いました。今までになかった発想。確かに大手の事務所に所属すると、仕事はなくならず、困らないかもしれませんが、かわりに自由は束縛されるという。大きな事務所の華やかさ、安定感に魅力を感じながらも、未来に気楽さという光が見え、個人での事務所に決めました。まわりの方に「事務所はどこにしたんですか？」と聞かれ、「自分たちでやってみようと思いまして」などと答えると、ものすごく驚かれました。大胆な新人妊婦現る。

オットに頼みこんで、数名のスタッフとともに、今でも個人事務所を継続できているのは、あの時のサトちゃんの言葉のおかげです。それなのに「ジョン・レノンに似てるって言われるんだよねー」と自分で言ってたサトちゃんを、真顔で完全否定してごめん。

一年のあいだに結婚、妊娠、いいとも出演と書くと、いかにも忙しそうに見えるかもしれませんが、ただただ面白すぎる毎日でした。そして、小さな生命を授かったと同時に、小さなテングも私の中に誕生してたということは、あとでわかることになります。この続きはまた次回。

幸せの骨頂

「笑っていいとも!」のレギュラーのお話をいただいた頃、当時まだ週に数回バイトしてたPÂTÉ屋に行きました。「レギュラーも決まりまして、アルバイトをやめたいと思います」と経営者の林さんに告げると、なんとのんびりとこう言われました。「でも、まだ何があるかわからないじゃない。すぐにやめないで、しばらくお休みしながら、芸能界でやってみてもいいんじゃない?」と、ニコニコ。PÂTÉ屋では5〜6年はバイトしてましたが、私はてっきり「よかったね」「さようなら」と言われるものだと思ってたので、意表をつかれ、グッときて、言葉に詰まりました。

引き止めてくれる人がいるなんて。林さんも、林さんのご両親も揃って私のライブを観に来てくださってました。それでもまだ、ウチでは必要ですとも、とでも言われてるみたいで、いまだに忘れられない言葉です。「芸があったって、なくたって、あなたは価値のある人間ですよ」と言われたような気持ちになりました。逆に林さん、超クール。なのでいまだに私はいちおうPÂTÉ屋をやめていないことになるのです。口が悪い私が言うのもナンですが、人は本当に言葉で生きていられるんだと思います。この言葉を杖に、私はなんとかヨボヨボとやってこれました。

さて、そのうちにレコーディングの話がいくつかやってきました。中でも青山はパイドパイパーハウスという憧れのレコード屋さんの近くにあった、MIDIというレコード会社からのオファーには飛び上がり、食い気味に返事をしました。「やる・やる・やる！　そしてやる！」矢野顕子さんも所属しておられたレコード会社。いつか遠目に廊下なんかで、後ろ姿でも見られるんじゃないか。いや、もしかしたらバッタリ会えるかもしれない。しかもMIDIはサブカル系の音楽もたくさん出している会社で、「ただ流行りのものをどんどん」という気配がなかったのもとても大きな魅力でした。すごいぞ私。努力もなしに高山から青山だなんて。当時しょっちゅう「何の下積みもなく、よく『笑っていいとも！』に出られたね」などとツッコまれてましたが、私は本当にツイてると思ってました。

当時のMIDIの社長だった宮田茂樹さんの「ライブが面白いから、そのままライブアルバムにしようよ」との提案で、自分のライブをそのまま録音することになりました。レコードからハッキリとCDに変わる時代でしたが、ギリギリ「CDだけでなく、少しならLPレコードでも出せますよ」と聞き、ぜひに！　とお願いしました。憧れのレコード盤は、やっぱり重みが違う気がします。CDでもレコードでも出せるなんて、MIDIにして本当によかった。結局CDとレコード、さらにはカセットテープになって発売されました。あんまりラッキーが続いててバカになりそうで、「幸せの骨頂」というタイトルでチャラにしました（チャラってなんだ）。あとから「あのアルバムが売れたから、社員旅行で香港に行ってきました」とスタッフからお礼を言われたほどヒットしたとのこと。私もテンネンで、「え、本人は行かないの？」と真顔で聞くと、「社員旅行なんで、アーティストは普通行かないし、誘いませんよ〜」と、笑われました。マジか。

この時期、レギュラー番組だけでなく、色んなバラエティに出るようになった私は、モノマネをすればウケる、そんな雰囲気でした。ところがです。当の自分としては、毎回出るたびに真面目に、しかも何度もやってるせいか、ぜんぜん司会の人と一緒に笑えないというか、ちっとも面白くない。（あれ、もしかしたら自分は新人だから、まわりが気を遣って笑ってくれてるんじゃないだろうか？）と、思い始めました。自分だって目の前にモノマネしてる人がいたら、親切で笑うかもしれない。自分はそういうモノマネ・ハラスメントみたいなことをしているんじゃないか？　司会者の方から本番前に「モノマネ、フリますね」などと言われると、「いいえ、（フラなくて）大丈夫です！」と首を横に振って、変な空気になったりしました。テンネン炸裂《さくれつ》。今から思うと（やれよさっさと！）なのですが、私としては（気を遣わなくっても大丈夫です）という謙虚さを醸し出してる顔であったろうことが、本当に恥ずかしい。一見謙虚なようで、結局は逆にものすごく傲慢なことをとってあるんですよね。

これはあとになって大先輩から聞いた話ですが、「ネタをやる本人はだいたいはそう面白くないもので、むしろ自分のネタに一番飽きるのは自分なんだ」というのは、昔からよく言われてる言葉なんだそうでした。ちっとも知らなかった。どうやら私は自分に飽きてたのです。だから楽しくもおかしくもなく、そのまま一人でこじらせていたという。

さらにはバラエティに出てみると、自分がちょっとふざけて面白がられてたのは、教室や職場など〝ふざけてはいけないような場所〟で、その時間も短いからこそだった、ということが、つくづくわかりました。プロになっていざカメラの前で「さあ、ここで思いっきり自由にふざけてみて！　みんな見てるし、ギャラも払いますよ！1時間お好きにふざけてください！　ドーゾ！」と言われると、1分ももたない。(っていうか、ふざけるって何だっけ？）と基本がわからなくなり、思いつかなくなるのでした。実感する尻込み。どこかで甘く考えていた「生き方がアマチュア」という永六輔さんからの言葉が、だんだんと凄《すご》みを帯びてきたのでした。

夢で逢えたら

「夢で逢えたら」という深夜番組が始まりました。軽い気持ちで引き受けた時は、まさかあとから自分を落ち込ませる事態になるとは想像もしてませんでした。

ダウンタウン、ウッチャンナンチャン、野沢直子に私という6人のメンバーで、全員まだ20代という若さでしたが、揃って顔合わせしただけで、ちょっとした居心地の悪さがありました。（あれ？）自分だけ違和感。若者のグループにお婆ちゃんがこんにちは〜みたいな。年齢の違いもありますが、明るさの空気感がまったく違うのでした。

そこまではまだよかったのですが、何度か収録していくうちに、コントもトークもとっさの返しができなかったり、うまく乗れなかったりで、自分で自分に驚きました。器用な方かと思ってたら……。半年もたつと、みるみる人気番組となって行く中、気持ちだけが下降線をたどりました。収録はとてつもなく面白い。こんな愉快な経験はなかった。なのに、自分だけなぜいつまでも面白さが摑めないのだ。

考えてみれば、デビューも遅く、目上の方との共演ばかりで甘やかされ、コントをするような笑いの現場の経験がなかった、と、気がつく頃には時すでに遅し。私は思いました。お笑いが好きなんてのは口先だけで、本当に恥をかくのは勘弁、と、そんなところがあったし、いったんしゃべるのが怖いと思うと、そこからとたんにどんどん下手になっていくのではないかと。噛む、という言葉はこの番組で初めて知った言葉でしたが、知ったら知ったで、盛大に噛みまくりました。どんどん深まるジレンマ。

そういえば欧米には肩こりという概念がなかったそうですが、その言葉が輸入されると、とたんにサロンパス系の商品がよく売れたと聞きます。知らない方がよかったということは多いもんですね。と、今でこそ呑気《のんき》に書けてますが、当時は深刻です。ハッキリ言って笑いへの情熱が違った。自分はそれほどでもなかったんだなあと、認めたくない事実を思い知りました。松ちゃんショックと言ってもいいかもしれません。松本人志さんは天才ながら、カメラが回ってなくてもずーっと笑わせてました。もはやプロを超えた無邪気さ。

そんなある日、スタッフがサッとテーブルの下に隠したように見えたハガキがありました。あとから（さっき隠したように見えたの、なんだったんだろ？）と、のぞいて見たら「ミッちゃんはやる気あるんですか!?」と、子供の字で書いてあり、電気でも走ったようなショックを受けました。さすが昭和の人間。今ならもっと強い言葉でのネットのバッシングが待ち受けているのでしょうが、手書きの子供のハガキに立ちすくむ老婆。誰が老婆じゃ。やかましいわ。でも、考えてみると昔ってなんか可愛いですね。宛名書きをして、切手を貼ってくれて抗議、という行為には親切さを感じます。

私は（子供にもバレた、まずいことになった）と思いつつも、同時に直せる気がしない、と思いました。ここが一番キツいところです。努力するとか、改善できる、という気がしなかったのです。それでももがいてるうち、ある日ふいに、不細工なのに上から目線で傍若無人な女性キャラクター・伊集院ミドリが誕生しました。人の気持ちなんか完全に無視してのびのびと生きられるミドリは、当時の私の理想。思いっきりやるほど、自分でも気持ちよかったし、人をイラッとさせる喜びすら発動しました。テレビを観てる人たちと、初めて共感しあえたという感触。怒りと笑いは紙一重なんですね。（ミッちゃんもっともっと私たちをイライラさせて！）という気配が伝わってきました。あのハガキを書いてくれた子も、今なら笑ってくれてるかな、などと思いながら、安堵しました。今ならできないキャラかもだけど、ありがとう、あの時のミドリ。キャラクターイベントがあった日は、ミドリが人気投票で1位となり、松ちゃんが「面白くなーい！」と言いながら、顔が一番嬉しそうでした。全員を光らせたいという思いがあるのか、やっとコイツにライトが当たったと、思ってくれてたんじゃないでしょうか。

メンバーの野沢直子ちゃんと仲良くなったのは、番組の後半からでした。今でも続いてます。いつかメンバーでの海外ロケがあったのですが、その夜、二人だけでこの先の将来についてヒソヒソ話したことがありました。「いつかはあの4人（ダウンタウン・ウンナン）みたいに、私らにも司会や冠番組を、って話が来るんだろうけど、そっちに行かないで、もっとちゃらんぽらんした存在のままでいられんもんかな」「いや、そうしようよ」などと変な夢を語りあったりして。若い。メンバーのみんながそれぞれに、だんだんビッグになって行く手前にいる、という空気をヒシヒシと感じる時代でしたが、別に私たちにはそんな話など来てないのに、予防線張る二人。今思うとバカみたい。実力はないけど、天下取るのはお断り！　みたいな。頼んでないよ、大丈夫ですよ。いもしない敵と戦うのはやめた方がいいですよ。でした。

その後、直子ちゃんはお笑いを一からやり直すために、ニューヨークへ向かいました。こじらせてんじゃねーよ、ですが。向こうで結婚、そして育児もしながら、毎年夏には日本でバラエティ番組に出るため出稼ぎ帰国という、すっかり外タレ扱いになってます。

そんなわけで、この番組のおかげで、自分が知りたくないことも知りましたが、心身ともに成長することができました。すでに大人だったんだけどね。当時のスタッフはじめメンバーの皆さん、あの頃はいろいろごめんね（今ごろ）。快感とショックとの両方を味わえ、今となっては私たちの勲章のようになった番組でしたが、時々思い出すと、その金具が胸に刺さって困るのでした。

公ちゃん

「笑っていいとも！」に出てた当時、タモリさんに安産を祈願してもらうという謎のブームがあり（神妙なる顔が笑える）、私も「安産スッポン！」と書かれた色紙をいただき、無事に出産を終えることができました。半年ほどの育児休暇を取って、仕事に復帰することに。人ってすごいもんですね。なんとかなるという。

そして、昔から仲の良かった同級生の公ちゃんにベビーシッターをお願いしました。彼女は高校時代は実家の喫茶店でもバイトをしてて、ウチの両親からも「あの子は特別」と、絶大なる信頼を得てました。つまりは親から私のコドモまで、清水家3世代にわたって公ちゃんにお世話になっているのでした。母も、私もムスメも、家族にも言えないような悩みや秘密など、なぜかみんな公ちゃんに聞いてもらってます。もし公ちゃんにバラすとおどされたら、私は破産するかもしれません。

着眼点も面白い公ちゃんは、喫茶店に来たテレビ局の人の領収書のもらい方（語気が荒い）をモノマネしたりして、人の機微を察知するアンテナは私なんかよりよっぽど鋭いようでした。いつかは父が何かで腹を立て、「まったくどいつもこいつも！」と言ってると、まわりは普通、かかわらないようにそっとスルーしたりするものですが、公ちゃんは目を見て「そのどいつの中には私も入ってますか？」と率直に言うので、父も「あ？　あ、ああ」と、3種類の「あ」を連続させて面食らったそうです。童話『裸の王様』の最後に出てくる子供が口にする正直なセリフに、痛快さを感じながら笑いたくなるのは、世界中の誰もが同じだったのかもしれませんね。人はいつのまにか空気を読むようになってしまうのに、平然といられる人は清々しいものです。

思えば世の中の面白いと言われてる人には、必ず言葉に率直さが潜んでいるもの。面白い人を観察するのが好きな私ですが、ちょっと経済的にケチな人ほど面白味があるのも特徴の一つです。「お金だったらいくらでも配るよー」と豪語したりする社長さんタイプが放つ冗談はたいがい、さして笑えないものですが、やはりビンボーを知ってる人の冗談は、なぜか面白い。いわゆるケツの穴がでかいと褒められそうな人より、小さい人の方がだんぜんおかしい。きめ細かさがあるからなんですかね。言葉もギリギリのところで勝負したりできます。

「笑っていいとも！」に出てた時も、まわりを観察していると、面白さにセンスのあるスタッフほど、ちょっと聞いてみれば必ず幼い頃にビンボーだったり、また親の数が奇数だったりしました。たとえば私の場合は3ですが、もともと1だったとか、0という人もいました。子供ながらに苦境を感じられた時、乗り越えようとユーモアの感覚が成長したりするのでしょうか（切ない話）。逆に「7」という人もいて、「親の数だよ？」と、聞き返してしまいました。離婚・再婚を繰り返す親の子もこれまたしんどそうで、数が少ない方がまだ救われるかも、でした。

ちなみに音楽の方は逆に、おしなべてお金持ちの御子息やお嬢様が多いようです。いい歌だなあ、長く残ってるなあ、と思う歌の作曲者など、必ずいいとこのボンボンだったりするので、昔から（なぜだ）と思ってたのですが、音楽のセンスなどは、もともとの生活に余裕がなければ養えないのかもですね。衣食足りてそのあとに芸術、という順番になりそう。いつだったか対談で、ある音楽評論家にそれを言うと、「そんなことないよ」と来ると思ったら「当たり前だろ〜」と、笑われたことがありました。人の価値はお金では測れないのに、人生には深くかかわっているのがお金なんですね。人は生まれた時に配られたカードで勝負するしかないという。もちろん、今に見てろよ！　とばかりに逆境を乗り越えて、歌を次々とヒットさせた人もいるけれど、その人は続いても、歌が長くは残らなそうな不思議（私見です）。ここもなぜだ。誰かに研究してもらいたいほどです。

お金の話はなぜか汚いとか下品とされるので、なかなか言いにくく、聞きにくいせいか、不透明さがいつも漂います。20年くらい前でしたか、瀬戸内寂聴さんの説法にみんなが笑っている、というシーンから始まるCMを観た小学生の私のムスメに、「女の落語家さんだよね？」と真面目に聞かれ、笑ってしまったことがありました。あの明るい声と着物、そして爆笑の渦という構図が落語家に思えてしまうというのもわからなくもなかったものです。

それにしてもいったい何にそんなに笑ってるのかな、法話のCDでも聴こうかと思って購入してみると、お金の冗談がたくさん出てきました。考えてみれば、お金の話は、誰でも身につまされながら、見栄と建前が見え隠れするので、冗談になりやすいうえ、誰も傷つけず、一緒に笑いやすいものなんですね。私は感心するとともに、このくすぐられるようなしゃべり方をしてみたい、と、強く思ったものです。

先日、ラジオの生放送中に瀬戸内さんの訃報が入りました。そのラジオブースにいつも置いてある週刊誌があるのですが、その中の連載に、「私は今年中に死にます」と言ったと書いてあり、不謹慎ながら、そんなことまでわかってただなんて、最後まですごい人生なんだなあと思いました。

出家されながらも、お肉もお酒もついでに男も大好き、と、自由を謳歌し、難しいことよりも、ニコニコと好きなことをお話しになる姿はまた理想的なお婆ちゃん像でもありました。私のモノマネに対して、丁寧なお礼の言葉が書かれたハガキが届いたこともあり、恐縮しながらも、その器の大きな人柄にとても安心し、いまだに時々甘えております。出産の話のはずが、思いつくままに書いてるうちに、いつのまにか訃報で着地してしまいました。心からご冥福をお祈りします。

鰯の頭も信心から

最近、サルでも報酬が高いほど緊張するということがわかったそうです。ゲームをさせて、普通のエサでなくものすごくおいしいものが出てくるようにしてみたところ、ミスが多発するようになったのだとか。（うまいものが出るぞ！）という喜びよりも（だからこそ間違えちゃいけない！）という不安が、かえってミスを招くんですね。ウケるんだけど。

私も本番を迎えるたび、緊張ほど邪魔なものはないと思ってきましたし、いかに緊張をなくすかは長年の大きな課題でした。私にとっては、本番での歓声などが大きな報酬だと感じてたからなんですね。逆に言えば、別に拍手を浴びたいと思わない、特に人から笑われたくない、なんて人はそんなに緊張しないものかもしれません。いつだったか映画に出た際、マネージャーが私を送り出す時に、「ミッちゃん、相手に気負けしないようにね」と言ってくれたことがありました。緊張は不安を呼び、気負けとすぐつながるものです。気負けしない、気で勝つ、という言葉だけを念じていると、確かにその日は強気でいられたのです。別れ際にも「気をつけて」という言葉があるくらいですから、気だけは意識的にしっかり持っておきたいものですね。

「気を強く持つ」といえば、忘れたいけど忘れられない、世にもおっかない体験をしたことがありました。昔、フジテレビの特番ドラマの撮影があり、中国の長春という街に1週間くらい滞在することになりました。案内されたその古めかしくて豪華なホテルは、どうやら昔、旧日本軍が使用してたらしいとのことで、何やら空気にタダごとではない重さがありました。薄暗く、部屋は天井が高くて教室くらい広いので、夏なのになんとなくうすら寒く、しょっちゅう振り返りたくなります。霊感はない私ですが、一人で寝るのが怖くなり、当時マネージャーだった松島さんという女性に頼んで、私の部屋に泊まってもらうことにしました。

そして、その深夜のことです。うとうとしていると、「きゃあああ〜！」という引き裂くような松島さんの叫び声。私は眠い目をこすりながら「どうしたの？」と聞きました。すると「部屋の四隅に、緑色の服を着た男性が4人立ってて、目が合ったらいきなりこっちに銃口を向けた！」私は心臓が飛び出るかと思いました。どうしよう、怖い。同時に身体が震え始め、うまく思考が定まりません。けれども、（私は今、しっかりしなくては）とだけ、確かに思いました。そしてその直後、思わず大声で叫んでいました。「出ないで！　出ないでくださいっ!!」今思うとすごいストレートな言葉。日本語で直訴。私たちは震えながら横になりました。眠るというより、とにかく目をつむることに集中したと言った方がいいかもしれませんが、この件について、口を開くのも怖かったんですよね。

そして私は横になりながらも、一人で違う恐怖を味わいました。（どうしよう！　幽霊らしきものに対して、うっかり怒鳴ってしまった。怒鳴った仕返しが私に集中するのではないか）などと。まんじりともせず、でしたが、とにかく部屋の窓に朝日がだんだん差し込んできた時は、ありがたさでいっぱいでした。神よ！　ありがとうございます！　その朝、身支度をしながら、私は直接見てはいないので、（待てよ、もしかしたら松島さんの夢だったりして？）という思いが一瞬よぎりました。

ところが、その後もっと驚かされることが待っていました。食堂にいると、女優のAさんがやってきて、こう言うではありませんか。「ねえ、深夜の2時頃そっちにオバケ来なかった?」と、軽い口調。まるで「私のシャンプーそっちに行っちゃってない?」みたいな言い方。耳を疑いながらも、私も松島さんも目をむきながら何度も首を縦に振り、すがるように返事をしました。「うん! なななななんで?」「夜中の1時半頃かな〜、先に霊が私の部屋に4、5人入って来たの。だから言ったのよ。『あっちに行ってちょうだい。私何もできないんだから』って。で、私が指したあっちの方向が清水さんの部屋だったからさ」

おいおいおいおいおいおいおいおいやめてくれよ!! でしたが、私たちはそこから質問攻めです。

①Aさんは霊感が強いとは噂で聞いてたけど、やはりあれはオバケなのか。
②今夜は出るのか。
③いつもそうしてるのか。
④私は幽霊に怒鳴ってしまったけど大丈夫か。

矢継ぎ早でしたが、Aさんは一つ一つ丁寧に、笑いながら答えてくれました。ちなみにこの笑いながらという表情には、とても救われた気がしたものです。①は間違いなくそうだけど出てきても何もしないよ、とのこと。さすが経験者、達観しています。

②はもう出ない。大声で追っ払ったから。③は出て行ってもらうのは当然。いつもそうしてる。④はぜんぜん大丈夫。むしろ声が大きいほどベスト、とのこと。そして「清水さんは見なかったでしょう?」と言います。(なんでわかったんだろ?)と思いながらも「見てない」と言うと「だよね。これからも清水さんはたぶんずっと見ないよ。バリアが強いから」だそうで、私はいまだにこの言葉をお守りのように信じることにしております。

鰯《いわし》の頭も信心から。とにかく驚愕《きょうがく》の経験でものすごく疲れましたし、霊感の強い人が近くにいるのにも驚きでした。そしてオバケはいるかいないか、わからないからいつまでも不安になるんであって、いるけど何もしない、そして怒鳴れば大丈夫なのだ、ということだけは、しっかり身体に刻みつけました。オバケと痴漢には、ひるまず大声です。

強心臓と弱神経

映画出演の話がありました。滝田洋二郎監督の「木村家の人びと」という作品で、主演は鹿賀丈史さん、桃井かおりさん。嬉しい！ と思いたいのに、正直（怖い）と一瞬よぎったことを覚えています。なぜなら当時、桃井かおりさんのモノマネを何度もしてたので、ご本人は私のことを面白く思っていないのではないか。好きだからこそ、当人に嫌われるのが怖いと思っていたのです。本音を言うと、私は今でもモノマネするご本人にお会いするのには、ちょっとした緊張と不安が生じます。ガマの油がたらーりたらり（ガマの前に鏡を置くと、驚き焦って、ついには自分の身体から脂汗をじわじわ出すと言われる）。

しかし、（私は怖がってますよ）という顔では余計に相手に失礼なうえ、自分もなお固まり、と、お互いに何のメリットも生まれません。ある時期から私は「怖くないフリ」だけに集中することにしました。こういうことも、何度か繰り返しているうち、だんだん本当に身についてきました。この「フリ」というのも一種のモノマネだと思いますが、身につけていけば、就職の面接や、いきなりのスピーチなど、緊張しがちなあらゆる場面で使えると思います。ぜひやってみてください。フリでいいのです。フリ無料。

話がそれました。もしも私がされる側だったら、モノマネされたというのはまだ許せるとしても、それによってまわりが笑っているというのがイヤだろうなあと思っていました。中学時代、卓球部に言葉のキツい先輩がいて、後輩の私たちはずいぶん閉口しました。昔は「うさぎ跳び」という、現在はほとんど行われないであろう、それはそれは過酷な基礎体力作りがあったのですが、終わったあとにヨロヨロと地面に大の字になってると、その先輩に「清水、なんだもう体力の限界か」と聞かれたので、素直に「はい」と答えると、「いいか？　あのな、体力の限界ってのは、死ぬ時や！（死ぬ時や、は、若干ゆっくり言う）」と、よく言われたものです。

その言葉を繰り返し聞かされるうちに特徴が摑めてきた私は、部室で着替える時に、その言い方をモノマネしたところ、同級生からも下級生からも大変な笑いとご好評をいただきました。どこかで私もスカッとしてたんですよね。今でもそうですが、権力者と感じる人のモノマネというものは永遠においしい。うまみ成分がひと味もふた味も違います。しかし、それはすぐにバレたらしく、私は放課後に呼び出されて、えらいキレられました。怖かったなあ。潔白ではないから目も見返せないまま、しゃくりあげながら泣くのは、本当にミジメだったなあ。みんな幼かったんだなあ。その時、(先輩が怒ってたのは、モノマネされたことよりも、みんなで笑ってた、というところなんだな)と感じたんですよね。

映画の話にもどりましょう。撮影の前に「本読みだけ」という一日がありました。共演者全員、初顔合わせにもなる日です。いよいよ緊張する私。ところがです。助監督さんからの報告で、「桃井かおりさんが今、車の渋滞にハマってて、遅れて到着するそうです」とのことで、ちょっとホッとしながら、みんなそれぞれにお弁当をいただきました。すると、監督が私のところにやってきて、「悪いけどサ、本読み、桃井さんのところをモノマネでやってくれない？　もう時間がないって役者もいるみたいで」と言うではありませんか。ビックリしました。しかし、そっち(モノマネ)になると、どういうわけかまったく平気になれる私。むしろ「喜んで！」でした。鹿賀丈史さん相手に、ニセの本読み・桃井かおり体験ができるという貴重な夢の時間を味わえたのです。ただ、私が心をこめるほど、こっちが真剣なほど、みんなが笑いころげるので、（笑い声を桃井さんに聞かれたらイヤだなあ。笑わないで〜）と思っていました。

今はだいぶん平気になりましたけど、モノマネになると強心臓なのに、素の自分となるとどこか怖気《おじけ》づく性分は、本当にもったいないことです。過去の私に言ってやりたい。素直に多幸感を味わいなさいよ、と。これは今後の自分にも言っておこう。頭の中で、勝手に怯えてるのは、愚かしいことですよね。じっさい、そのあと現場に遅れて入ってきた桃井さんは、私の顔をのぞき込んで、「聞いたわよおおお。いい味出してくれてたみたいじゃーん」と、笑ってくださってました。チャーミング！　へなへなへな。現場の空気はさらに軽く明るくなり、忘れられない一日になりました。

以前、ラジオの人生相談だったかで聴いたことがあるのですが、人生を振り返って後悔することは？　という問いかけへの答えで最も多いのは、「もっと人の目を気にしないで生きればよかった」だそうです。あの人に嫌われるんじゃないか、とか、こう思われたらどうしよう、など、自分で勝手に作り出した不安の世界は、自分の生き方をイタズラに狭めるだけですね。しかし、人は希望よりも、不安の方が簡単に湧いてくるようにできているようです。

ちょっと話はそれますが、私のような年配者でも、ここ数年、Twitterなどでの評判をチェックする、エゴサーチ的なものをやめました。読めば泣いて喜ぶようなことがたくさん書かれてたりするのですが、それにいつのまにか従ってしまうことに気がついたんですよね。期待に応えようと、人のご機嫌を取りたくなってしまうんです。いつかこっちからしっかり決別しなければ、人の目というものに依存してしまうことがありそうです。まずは「怖くないフリ」をすることは、小さな一歩としておススメです。

ラジオビバリー昼ズ

　ニッポン放送「高田文夫のラジオビバリー昼ズ」は、一番長く続いてるレギュラー番組です。もう足かけ28年にもなります。当初は高田文夫センセイのアシスタントでした。センセイとの反射神経の競争のようなトークは、刺激的で面白く、ずーっと続けばいいのにな、と思ってましたが、ここ数年は体調を考慮され、木曜日はお休み中。私とナイツの3人で担当し始めてからはや7年。ラジオは出るのも聴くのも大好きで、木曜日はまったく疲れません。

　ただ、黒歴史もありました。萩本欽一さんがゲストだったある日のこと、私はちょっとした失敗をしてしまいました。萩本さんが「あのネ、最近自分の劇団の女の子に、ボクがツッコミで頭を叩いた時、いっさい目をつむらないっていう練習をさせてるんだよ」とおっしゃるので、「何のためにですか？」と聞いたら、「それによってサ、お客さんが（ああ、頭を叩かれたのに、あの子本人が目をつむってないってことは、本当は痛くないんだな）ってわかるわけ。だから目をつむらないって、大事なことなんだよネ」とのことで、私は思わず「じゃあ欽ちゃんもできますよね？」と言いながら、立ち上がって頭を一瞬（ペシ！）と叩きました。驚いて目をパチクリさせる欽ちゃん。（あ、目をつむった）と思ったのですが、爆笑したのは高田センセイだけで、ブースの外にいた事務所の方たちが驚愕の表情でいっせいに立ち上がったのを見て、（まずいことをしたのでは？）と思いました。が、時すでに遅し。「欽ちゃんを叩いた！」というのが話題になってしまいました。何度からかわれたことか。あとでご本人に謝罪をすると、「ツッコミにツッコんじゃイケナイんだよネ」と、笑いながらも許してくださいました。その節は申し訳ありませんでした。ビバリーの中では「欽ちゃん殴打事件」として語り草となり、また週刊誌でも小さな記事になってました。

スキャンダルと言えば昔、筒井康隆さんのイベントに出演したことがありました。ジャズからお笑い、演劇界とさまざまなジャンルのゲストが次々に出演した賑やかなステージ。ところがなんと翌月、私がオモシロ顔をしながら人の病名を何度も叫んで会場で大ウケ！　みたいな漫画が週刊誌に掲載されてました。大ショック。あまりにひどい話です。そんなことできるはずがない。その漫画家の方は「会場には行っていないけど、担当編集者から話を聞いて描いた」とのこと。陽気か。ラジオの中での冗談ですら、ネットニュースなどの文字になるとたんにキツく感じられるように、会場では表情や仕草で伝わるニュアンスも、言葉で聞くだけだとまったく違う伝わり方をしてしまうもの。まさにペンは剣よりも強しで、本当に人の胸に刺さります。漫画を信じ、私を憎んだ人もいたかもしれません。長い人生でスキャンダルっぽいことがこんな二つなんてのもホント、やりきれませんが。

それにしてもこの頃はまったく何をやっても面白くない時代で、イライラしたりクヨクヨしてばかりでした。おまけにこんなことも。ま、今日はともかく聞いてちょうだいよ。マスター、ビールもう一本追加。深夜にテレビを観てたある日のこと、ある男性タレントが、名指しで私の態度を「ツンツンしてて、挨拶も返さない」と、グチっているではないですか。驚きました。まずその方との面識がないのです。正直私はこう見えて小物タイプなうえ、ツンツンしてたとしたら、モノマネの時だけです。どういうことだ？　なんか怖い。名指しで言うぶん、自信がありそうですし、もしかしたら私の態度に、知らず知らずにフソンなところがあったとか？

しばらく考えてましたが、数か月後、たまたま私がいた局にそのタレントさんがいらしてたので、私はそのマネージャーさんに近寄り、廊下で平身低頭、小声で聞きました。「すみません。以前に××という番組を観たのですが、私の失礼な態度、あれは……」と言うと、「いやいや、あれね」と、マネージャーさん。「○○さんと清水さんの名前を、うっかり記憶違いしてたらしいんですわ。会ったことないですもんね。悪かったですねえ」へなへなへな。笑える。笑えるか！

それにしても、私は今になって思います。もしかしたらあの頃は、ずっとしょげてクヨクヨしてるせいで、それが自分に自然に身についてしまい、ロクでもないような不運を、どんどん呼びこんでたのではないか。何もかも面白くない、と口や顔に出してみると、なお悪化して、全てがつまらなくなる。幸せな人を見るのも面白くない。そんな人（私）と、たまたま道でぶつかったら、相手だってその顔つきにカチンときて、口論となってしまうかもしれない。さらに警察沙汰になって、半狂乱、逮捕、いったんカツ丼、デスクライト、母親の言葉を聞かされる、自供。そんなことになるかもしれない。「刑事さん、怒りに負けちゃった。へへ。自分の感情をコントロールできたら、こんなとこにはいなかったですよね」「奥さん、自分の機嫌を直すのは自分しかできないんです。ところがね、外に求めてしまう。人間は、弱い生き物なんですよ」20年後の私がカメラ目線でつぶやきます。「あれ以来、反省を繰り返しながらも、自分をある程度信頼して、前向きに生きていこうと思ったんです。刑事さん、あの時はありがとうございました」お墓に手を合わせる。エンディングテーマ流れて、完。

ガムの味わい

映画「ゴッドファーザー」をテレビで観ました。初めて観たのは中学1年生で、以来なぜかテレビでやってれば繰り返し観てしまい、かれこれもう8回くらいは観たかもしれません。マリオネットがアイコンになったイタリアンマフィアの映画なのですが、だいたい私はお爺さんが好きだし、映画に出てくるファッションやインテリア、車に至るまで自分好みの世界なのでした。栄光を摑んだぶん、必ず暗い影がついてまわるという人生の縮図もすごくいい。かの有名なテーマ曲も陰↓陽↓陰と、陽をはさむことで悲しみをさらに引き立たせてあります。考えてみれば悲しみってホント不思議ですよね。音楽にしろ、映画や絵画にしろ、マイナスな感情なのになぜ強く惹《ひ》かれてしまうのでしょう。

ところで私は若い頃、ちょっと気がゆるめば風邪でもひくかのように、やたらとふさいでしまう時期がありました。まだ20代前半、バイトをしてた頃の話です。ある日、私が尊敬してる林のり子さんから「清水さんは時々、フッと元気がないように見えるんだけど、何かあったの?」と言われたことがあり、気にかけてくれてる人がいる、ということだけでも救いになりました。孤独も感じてたのですが、視線は愛情に似ているのか、その言葉だけでも本当に嬉しかった。

その頃に持っていた漠然とした「面白くない」という気持ちを、うまく口にするのは難しかったのですが、「何をやってもうまくいかなくて、つまらないんです。一生懸命やってるつもりなのに」と、言っても仕方のないようなことを言ってしまいました。それでも心のどこかでは(裕福で美人、教養もある林さんに、私の気持ちなんかわからないでしょうけれども)とも思っていました。きっとサッとなぐさめてくれるのかな、と思ってると、「どんな人だって幸せにはなれないようになっているのよ」という意味のことをあっさり言うではありませんか。え。「世の中はむしろ、うまくいかないようにできていることを知ってた方がいいですよ」と、明言されたのにビックリしました。思わず二度見しました。

私がかけてもらうのは、ありがちな言葉で充分だったのです。それなのに魂というか、実感のこもった言葉を投げてくれ、たじろぎました。私はなんとなく、世界とは偽善じみたものや言葉で構成されていると思ってたし、これからもそういうものに包まれて生きていくのだろう、とばかり思ってたのです。

「だから、立てた予定が思い通りうまくいった時や、たまにいいことがあったなんて時にはうんと喜ぶようにするといいです」。私はこの言葉がいまだに忘れられません。「努力すれば報われますよ」「明日を信じて頑張りましょう」ではないのでした。この言葉を、いまだに何年もガムのように嚙んでいます。まだ味がするすごいガムです。

言われてみれば、確かに幸せそうな人はいるけど、それは長くは続かないようになっているようだし、たとえどんなに幸せな家庭があっても、たいてい一過性であるという現実があったりして。私にはまわりばっかりが幸せに見えて、自分だけ不公平な思いをさせられていると感じてたけど、自分だけではないのか？　誰もが儚《はかな》い時間を並列に過ごしているのかもしれない。私にそんなことを教えてくれた彼女も、私みたいに不満を愚直に顔に出さないだけなのかもしれなかったのでした。

中年を過ぎた今も思います。不運なことが多い世の中だからこそ、喜びは見出せるということ。若い頃は私だっていつかは幸せになれる、と思ってたけど、そういうものでもないらしい。幸せにはなれないようにできているから、一瞬の笑いも生まれるのかもしれません。もしも清廉潔白な、心優しき政治家がいて、本当に幸福な社会になったら、皮肉の一つも言えない。そう思うと、天国ではきっと幸福状態ゆえに、冗談もいらないため、ちっとも笑えず、逆に地獄はタチの悪いような冗談や笑いでいっぱいかもしれませんね。まずまずの不運の中にいるけれども、時折光がさす時がある。それで充分なんだわ、と思うようにすることで、ものすごく気が楽になったものでした。後ろ向きな言葉のようでいて、私にとっての一生のガムになったのです。

ところがです。その十数年後に彼女に「あの時、こう言ってくださったことが、私にとっていかに救いになったか。ありが……」と、私がお礼を言おうとすると、「言ったかしら？　そんなこと」と、不思議そうだったのにこっちが驚きました。マジすか。メモしてたんだけどなあ。もしかしたら、私の中でいつのまにか思い出を都合のいい方向にねつ造していたのでしょうか。それとも、寂しい私に彼女を介して天が与えてくれた小さな恵みだったのでしょうか。単に林さんが忘れてるのかもしれませんが。それでもいつの世も、またいつの夜も、地球はやんわり悲しみに満ちている、と知ってた方が救われます。そしてそれだからこそ、人は明るく生きようとしてちょうどいいんですね。

病原菌は蔓延《まんえん》する、隣の国からミサイルは飛ぶ、戦争は勃発するなど、最近もマイナスなニュースの方が目立ちますが、それでも今日もおいしいコーヒーを淹れることができていることも同列に実感したいものです。人は泣きながら世の中に出てきて、旅立って行く時はまわりの人間を泣かせる、という永遠なるルーティンを考えると、人生はあらゆる感情の中でも、「悲しみ」とだけはより深い縁で結ばれているものなのかもしれませんね。

矢野顕子さとがえるコンサート2012

テレビをつけてたら、昭和歌謡曲系の番組をやってました。まったく知らない往年の歌手の方もいましたが、小さい頃に見覚えのある顔もたくさんでした。いつも思うのですが、こういう番組では、時の流れとともにナチュラルに年を取ってる人と、ハッキリ言ってどこか哀しい感じの人とに分かれてしまうように思います。そこがくっきり出てしまうのもまた、歌とともに妙な味わいになっているという。

それにしても加齢というもの、誰にも同じようにやってくるはずなのに、いったいどこで違ってくるのでしょうか。なぜこの人は哀しくないのに、こちらの方はどことなく見るにしのびないのか、って失礼な話ながら考えずにはいられません。明日は我が身です。もしかしたら、テレビには映らないはずの私生活が、表情に出てしまってるからではないか？　などと思いました。哀しくない人は、ずっと自分目線で生きてきている、地に足がついてる、そんな感じがするのです。だから久しぶりのテレビに出ても気負けもしてないし、どこか軽く歌えています。しかし、他人の視線を軸に生きてきたような人は、歌いながらもやはり誰かの目線をどこかで意識してる感じ。もともとが人の視線ありきの職業とも言えるので、仕方のないことかもしれませんが、整形も強めにおほどこしなさってたり、ずいぶん若い格好をしてる方もいます。笑っちゃう。笑うな。我が身。しかもそこに生きがいを感じているようにも見えるので、その人の価値観もまた浮き彫りになるのが、一種の見どころのようにもなっていました。

何かの本で知ったのですが、同窓会で友達と再会すると、懐かしさや思い出はよみがえってくるものの、会が終わってからも、昔のようにお互い長く濃密な時間をまた一緒に過ごせるかというと、そうはならないものだそうですね。学校生活をしている時は、目標もある程度同じで、テストやスポーツ、行事への参加などで常に共感しやすい場所にいるため、仲間意識が強まり、話もツーカー。ところが、卒業して大人になると、それぞれ個人の道を歩み始めてるので、生きるうえでの価値観がハッキリと違ってくる。同窓会の終わり頃には、家にいる家族が気になる人、株価を見たい欲求にかられる人、金魚にエサをやりたい人、成功を自慢し足りない人、と、それぞれに自分の中の価値観があるため、深い話が昔ほど楽しくないのも仕方がないのでした。だから「おまえってヤツはホント、変わらないなあ〜」などと呆れつつ笑ってもらえる人は、みんなから好かれそうですよね。大人になることは、それぞれの視線が違ってくることから始まるのかもしれませんね（いいこと言った風）。

さて、話は2012年のこと。私はなんと、矢野顕子さんのライブツアー「さとがえるコンサート」に参加することになりました。高校2年から私の視線の先に輝いていた方。そのオファーがあったことを初めて聞いた時はマネージャーに、聞き間違いじゃないのか、本当なのか、どんな感じだったのか、と何度聞き返したかわかりません。そしてその返事を幾度されても、そのたびにじわじわと喜びに包まれるのでした（ウザかろう）。私の人生のピークだ！　と思いましたし、今もその思いは変わっていません。あれ以上のことはもうないでしょう。高校時代から憧れてきたミュージシャンと、色んなホールで一緒に歌うことができるなんて、本当に一念岩をも通すもんでした。

決まってからのしばらくは、喜びで浮かれるどころか、ものすごく練習に没頭しました。せずにはいられなかったのです。ピアノの練習だけでなく、気負けしない練習も編み出しました。矢野さんの顔写真をピアノの前に置いて、目が合っても動じないようにする、という心のリハーサル。独特。ライブ会場で、緊張してるゲストとのやりとりを見せられるお客さんほど、気の毒なものはないですもんね。自分の目線で客席を見ることができれば、何千人の視線があろうと気負けしないものなんだ、と思ったことがありましたが、まさか矢野さんの目線に気負けしないための練習をする日が来るとは思ってもいませんでした。雑誌などで矢野さんのインタビューを読むと、よく「自分よりうまい演奏者と組みたい。自分も学べるから」ということをおっしゃってたので、一緒に演奏はありえないと、誰よりもわかってたつもりだったのです。ところが、一方では面白がってくれる性格の方でもあったのでした。神よ！

私を隣に呼び出してくれた矢野顕子さんは本当にすごいです。お客さんも、いつもと違う味わいでも、充分受け入れてくれた感じでした。私にとって、そのオファーからツアーが終了するまでの期間は本当に刺激的で、かなり有意義なふた月でした。自分が誇らしく思えましたし、つかの間、音楽の喜びを味わうことができました。そして私は昔から、（このままずっとモノマネして追いかければ、いつか本当に矢野顕子みたいになれるんじゃないだろうか）と、漠然とした夢を持ってたのですが、矢野さんのリハーサルなどを見学するうちに、現実を見せられた思いがしました。あっという間に音楽が宿る。花が開く感じ。砂嚙んだわあ。努力とかではなかったのでした。距離は近づいたはずなのに、夢は遠のいてしまった。皮肉なものです。何かの話の流れで私がそれを矢野さんに言うと、「でもさ、私だって、ミッちゃんにはなれないんだよ」と、抜群の返しをもらいました。さーすが。

武道館

毎年、私のライブツアーを担当してくれているイベンターさんからある日、「今年（２０１３年）の12月30日に、もしよかったら日本武道館でコンサートをやってもらえませんか？」という依頼がありました。

私はとても驚きました。反射的に「なんで私なんですか？」と聞くと、なんとその日に武道館で行われるはずの大きなイベントが諸事情あって、急遽《きゅうきょ》中止となってしまったそうで、代わりにその日にステージに立てる人を探しているのだとか。いわゆるドタキャンってヤツですね。「でも、そんなにお客さんを集められないんじゃないですかね」と本音を言うと、「去年の渋谷公会堂でのライブが４公演とも完売だったので、数の見込みとしては可能ですね」と、冷静なイベンターさん。渋谷公会堂は客席が２０００人くらいだそうで、目からウロコ。

イベンターさんの仕事は、義理や人情ではなく、常に数字が判断基準。（だったら正直、やってみたい！）と、すぐに思いました。まだ返事はしてないながらも、きっとすでに私の顔に書いてあったと思います。私はポーカーフェイスが苦手なタチで、いかに気をつけてても、気持ちがすぐ顔に出るらしいのです。だからトランプの「大貧民」（今思うとすごい名前）でも、大好きなのに、いつも最下位になっているのでした。カードゲームの勝敗って結局、顔で決まるんですよね。ルッキズム反対！（わかってない）

話をもどします。もともと私は、武道館という場所がとても好きでした。初体験は忌野清志郎さんのクリスマスコンサートでしたが、あの厚みのある田安門から入る風情ある感じがもう、格別なものに思えました。さらにはその前に一度、小さな橋を渡るという、結界を切るような現実逃避感の絶妙さよ。武道館の外見もまた、屋根の八角形や、その真上に鎮座する擬宝珠《ぎぼし》の形など、なぜかたまらなく自分好み。立派なのにちょっとユーモアがある。さらには客席にいると、広い会場でありながら抜群な音響というのも、まったく理想的な建物です。しかも皆さん、足下をご覧ください。磁場がまた強力な感じがしてくるではありませんか。武道館で「今日のコンサートはつまらなかった」という文句をほとんど聞いたことがないのが昔から不思議でしたが、おそらくパワースポット的なものが地面からもたらされてるのでは、と思ってしまいます。自分がもしも、あんな神聖っぽいところで、ふざけたり誰かを茶化すなんてことができたら、どんなに気持ちがいいかしら（よさんか）。

そんなわけで数日後、この話が本当に決定した時は、叫びたいほど嬉しかったです。ドタキャン大好き！　諸事情大好き！　ピンチヒッター大好き！　浮かれました。私は天に感謝すると同時に、（その代わり、うんとお客さんを喜ばせてやるんだ！）と強く思いました。北島三郎「まつり」が心のBGMです。この降って湧いたような幸運を独り占めせず、来てくれたお客さんに還元したいな、と思った大人な私は、じっさいに大人で、50をとうに過ぎておりました。主人公ヨボヨボ。人生は思うより長いですな。そうして毎晩、夢でも見るかのように、いろいろやりたいことを書き出しました。

そのうちに（お客さんの気持ちになると、自分だけじゃなく、色んな人に出てもらって、バラエティっぽくしたサービスの方が喜ばれるのでは!?）と思いつきました。私だけを見るのも飽きるだろうから、まずオープニングは、いきなり和太鼓の演奏で始まるのはどうか？　そう思いたつと、もう「それ以外ない！」という決定打に思えてきて（単に和太鼓好きというのもありましたが）、その翌週、大胆にも林英哲さんに直接電話をしました。ちなみに、世界的な和太鼓奏者である英哲さんは、私が実家のジャズ喫茶でアルバイトしてた高校時代、何度かお客さんとしていらしていて、テーブルまでアイスコーヒーを運んだことがありました。今回の打ち合わせではホットコーヒーでした。アイスが30年以上の時を経て、ホットへと変化。これだけで縁起がよさそうです（身勝手）。

後日、英哲さんから快諾をいただくと、そのあとの流れは間違いなくうまく行く、というような気がしてきてなりませんでした。アドレナリン全開。武道館のお話をいただいたのは夏でしたが、私にはもはやその日からライブが始まっているかのようでした。そして本編ではミュージシャンやお笑い芸人など、さまざまな方に声をかけ、誰が観ても飽きのこない面白いライブとなるよう、ずいぶんと贅沢《ぜいたく》をさせてもらいました。

ある日、そのことを糸井重里さんに話したら、「でもさあ」と言います。「人はライブで一人だけを見たいもんなんだよな」ガーン。痛いところを突かれました。さすがですな。浮かれすぎて、迷いすぎて、自身が見えなくなり、いつかここに書いた「喫茶店でミックスジュースを注文するような客」は、実は自分だったのでした。

コドモと私

結婚したばかりのコドモ夫婦と話をしてて、驚いたことがありました。なにげに私が「新居のどこにテレビを置くの？」と聞いた時のこと。なんだかちょっと不思議そうな顔で「テレビ、持ってないです」と言うのです。二人とも、まったく観ないのだとか。嘘だろ。リビングにテレビがないなんて、私にはありえない生活であり、よっぽど意識高い系の人以外は、全員そういうもんだろうと思ってました。テレビはもはや家族の一員のよう。正直、今も毎日必ずつけてるし、面白いな〜と思ってます。と、書けば書くほどバカっぽいのはなぜなんだ。

思い返せばムスメは、私とは正反対の性格で、昔から不器用なほど真面目なのでした。実は人知れずハラハラして見てました（ウザい）。親子って本当に不思議ですね。血のつながった存在で、けれども別人であり、決して自分パート2ではないという。

生まれた時から泣き声も遠慮がちで、赤ちゃんルームではまわりが泣き始めると、(私も参加するべきでしょうか)とばかりに、少しばかりの泣き声をお義理で出す、といった感じ。赤ちゃんなのにどことなく遠慮っぽいのでした。2~3歳の頃、起きるのが面倒だった私が寝たフリをしてると、私をじっと見て、でも決して起こさず、一人であきらめ、静かに絵本を開くようなところがありました(起きろよ!)。

コドモが小学生の頃、担任と親との二者面談があり、「お子さんには特に何の問題もないですね」というムードで終わったので退席しようとすると、先生が「あのう、ちょっと個人的な話で、聞きたいことがあるんですけど、一つだけいいですか?」と、言います。私は(おそらく芸能関係の質問だろうな)と思いました。こういう時に、個人的に……で始まれば次に来るのは、誰々のファンで~、知り合いですか? ときたりする。私の方も「悪いけど、SMAPとはそんなに親しいわけではないから、よくわからないよ」などと答える時も多かったので、このテの話かと予想したのです。すると、「実は個人的に興味があるのです。私もいつかは子供を持ちたいのですが、いったいどうしたらあんないい子に育てられるんでしょうか」とのこと。「と、言いますと?」と、思わず聞き返しました。「たとえば、朝のクラス会で、『帰りに教室の掃除をしてください、いつも机の配置が乱れてます』と注意します。全員返事はしますが、誰もがわれ先にと帰ってしまいます。ところがある日教室をのぞくと、お子さん一人だけ残って掃除をし、机を配置していたんです」

私はショックでした。この気持ちはわかりますまい。いい子でよかった、という気持ちにはなれず、まわりから疎外されるのでは、とか、もうすでに疎外されてるのでは、という不安です。（いい子ぶってる）と思われるのでは、という心配が先に立ちました。5歳くらいの時も、道で転んでおでこをぶつけたことがあったのですが、しばらくこらえて、泣かなかったことがありました。「偉かったね、どうして泣かなかった？」と聞くと、「みっともないから」。おまえは中年か！　でしたが、その記憶がよみがえった私は、もしかしたら私のコドモは偽善者っぽいところがあるのではないか？　と、思いました。思えばこれもホント、ひどい言葉ですよね。いいことをしても必ず外部からの勝手な判断で片付けられがちという。

と、こんな風にコドモには驚くことが多かった私ですが、コドモもまた、私のすることには口には出さずとも、少しばかりヒイてる気配があるようでした。ある日、ウチに遊びに来た友達の中に、ボスキャラっぽい女の子がいて、まわりの友達に対しても言いたい放題ってなもんでした。その子の声の特徴を掴んだ私が、みんなが帰ってから、コドモにその子のモノマネをしたら、我ながらうまくでき、コドモもくすっと笑ってました。ところが翌日のこと、「ママ、もうああいうことしないでね」と、そっと言われました。おまえはPTAか！　褒めろよ！　もっと似せられるのに！　でした。

そしてコドモは、まわりからもよい子と言われるまま、じっさいに反抗期もなく成人しました。そして介護施設に就職し、はや10年が過ぎます。親も育児が困難という、重度の障害を持って生まれた子供たちを預かる施設。コドモはただ、本当に優しい子だっただけなのでした。長年、勝手に疑っててごめん。いつか謝ろう。なかなかにハードだし、辛い話もある職場のようですが、先日聞いた話だけは笑ってしまいました。

ここには赤ちゃんの頃から施設で育って、もはや高齢者という利用者さんもいるそうなのですが、ある日コドモが何かでミスをしてしまった時、(自分はなんてダメなんだ！)と一人落ち込み、数分トイレで泣いてしまったとのこと。顔を洗って現場にもどると、利用者であるお婆ちゃんがコドモの顔をじっと見て、しみじみこう言ったそうです。「あんた、トイレの時間がいつもより長かったじゃないかね」と。黙ってコクリとうなずくと、「私にはわかってるんだよ、その赤い目を見れば。あんたは今、そうやってトイレで、ずっと、」と言われ、コドモはその言葉を聞いただけで胸にこみあげるものがあり、抱きしめそうになったら、「寝てたろ」と疑われたのだとか。ウケる。すごいモノマネしたいこの会話（よさんか）。

時々、私のライブを観に来たコドモに、「面白かったねえ、笑っちゃったよ」などとおだやかに褒められると、本来はコドモではなく母親だったのではないか？　と、顔をながめることがあるのでした。

助六メロン

花粉症の私には、春は苦しい季節です。コロナ禍なので、くしゃみも咳も極力抑えているというのに、洟《はな》をかみすぎて鼻の下がひりつきます。いったいどうして水分が上へ上へと行こうとするのか、まぶたも涙で腫れあがり、朝は全開にできません。常に上半身に来るのが花粉症です。というグチは、聞いててもちっとも面白くないでしょうが、食べ物のグチってなぜかおかしい、という話を今日は書かせてください。

先日のこと、あるイベント終了後、「夕食なんですけど、この時期さすがにまん防(まん延防止等重点措置)でどこのお店も閉店してますので、私の知り合いの鮨屋に頼んで直接ホテルに届けます」と、イベンターさん。お優しい。感謝を口にしながらも、心にあふれる鮨への期待。ふふふ。人を幸せにする言葉、それは「鮨」。私あなたのこと、だーい鮨！　いさんでホテルの自分の部屋に帰ってみると、テーブルには確かに包みが届いてました。パックが一つ、ポン。あれ。しかも中身を広げたら助六。助六、そう。魚がいないタイプ。地球に優しい、命に優しい。やかましい。ガッカリしました。なぜならここは北海道。期待値が本州にいる時とは本当に違うの。

いや、でも思い起こせば「知り合いの鮨屋に頼んで」という響きに勝手に期待しただけで、その言葉に嘘はないのかもしれない。助六も「寿司」のうち。でもスーパーのヤツなのか？　ゴムのパッチーンという音すら軽く頭に来ました。もしかしたら、お鮨屋さんがお休みで、それを言いにくかったのではないか、などと一方では大人の自分がなだめるのでしたが、むくれ側が圧倒的に勝ち。思ってたのと違う！　助六、あんたは悪いヤツじゃないよ。でも正直おやつ感覚でつきあってただけなの。本気じゃない、遊びだったの。と、ホテルの部屋を出た私は本当の愛、コンビニへと向かったのでした。

さて、そんなグチを感情のままにオットにしたところ、なぜか後半からニヤニヤしてます。そして話してるうちに自分でもなんだかバカバカしくなって笑えてきました。気持ちはわかるけど、言葉にするとなぜかとたんにマヌケになる、ってヤツですね。

私も思い出しました。いつか後輩Aさんから聞いた話です。Aさんは尊敬する大先輩の舞台に誘われ、観に出かけたのですが、このコロナ禍だからと、手土産を敢《あ》えて持参しないことにしたそうなのです。最近はよく案内状にも〃お花やお菓子はご遠慮いただいてます〃などと書いてあります。ところが、その舞台はそんなルールは曖昧な感じで、どこにも何も書いてなかったらしいのです。こういう時の基本ルールなんて、まだ一律に決まってるものではなく、たぶん会場ごとに決定してるんですよね。

さて、楽屋に顔を出したAさんは、その先輩から「それにしても、なんで手ぶらなんだよ。昔からおまえはそういうところがあるんだよ。タダで観て、菓子折り一つナシでよく顔出せたもんだな！」と、目を三角にして言われたそうでした。Aさんはすっかりしょげかえってましたが、私は爆笑してしまいました。今書いててもめちゃおかしい。こんな時の注意も、真剣なほどどこか面白いもんですね。正直というのか、勝手な期待が叶わなかったことに憤慨、という子供みたいな爆発をしたところに人間味を感じます。私も、知人らに助六事件について話してると（やめんか）、我ながら饒舌《じょうぜつ》になるほど、おろかしい感じ、下世話な感じがしてくるのがわかります。そしてまたそんなことを口にしてるのはなんだか楽しい。良識ある、知的な人はこんな時、怒りやモヤモヤをいったいどうやって解消してるのでしょう。

そういえば「男はつらいよ」の映画の中でも、頂き物のメロンを家族で切りわけた時、たまたま帰ってきた寅さんが、いつもと違う気配に気がついてさぐり出し、「あ、どうやら俺の分だけメロンを切ってなかったんだな？」から始まって、家族どうし「ボクの分を食べてください」「そういうことを言ってるんじゃないんだよ」「急に帰ってきて、おい寅、おまえはいつも何様なんだ」とケンカが一気に盛り上がっていくシーンはいつ観ても最高です。あんな描写をした作品は、世界でも過去に例があったでしょうか。いい大人がくだらなすぎる。そして実はどこにでもこんな恥ずかしい話はころがっているのかもしれませんね。誰も悪くない。ただ運が悪い。ふふふふ。

私のこの連載エッセイも今回で最終回になりましたが、恥ずかしいことや怒りも、文字に書き出すうちに、楽しい思い出となっていきました。そして振り返ってみると、私は長年にわたって気を強く持ちたい、ということばかり思ってきた人生のようでした。ちなみに前々回の続きですが、２０１３年のドキドキの初武道館が無事終わり、帰宅した私は湯舟で（次回は一人でやってみたいな〜）などと次のことを考え始めました。オファーもないのに。私も図太くなったものです。

長年の努力がむくわれたのか、繊細さがなくなっただけなのかはわかりませんが、それでも若い頃よりもクヨクヨすることはなくなり、ラフになれました。ラフを身につけられれば大概のことはうまくいくもの。鮨以外はな。そうしてあれから武道館公演は毎年の開催になり、先日8回目を終えたばかりです。もはやホームと呼んでいます。よかったらウチに遊びに来てね。狭いけど（パッチーン）。

あとがき

この本を手に取ってくださったこと、ページを開いてくださったことに、心から感謝いたします。

タイトルにある「カニカマ」は、安くておいしく、栄養豊富という優秀な食品。日本が誇るモノマネ芸の元祖だと思っています。私だって本物のカニになりたかった。エビやシャコからも一目置かれ、華やかさがあり、人の口を黙らせるほど美味で高級なカニに生まれてみたかったのです。けれども淡泊で安価なスケソウダラに生まれてきたからには、そこはあきらめましょう。でも、「カニみたい。まるで」という夢のような一瞬を味わいたかったのです。

と、まるで動機を自供する犯人みたいですが、自分のエッセイを振り返って読んでみると、本物に耽溺《たんでき》し、なりきることでかえってスケソウダラに生まれた面白味や可《お》笑《か》しみも味わえてたように思えてきました。２０２０年あたりからコロナの蔓延により、ヒマで時間を持て余したこともありますが、死というものを身近に感じて、自分史をまとめておきたくなったことから、この連載が始まりました。決して明るい動機ではありませんが、正直、大きな気晴らしになりました。

文字にしていくと、しゃべるのと違って消えずに残るせいか、（そうだ自分って、こういうニンゲンなんだったよなあ）と、冷静かつ客観的に見ることができ、不安やモヤモヤも消えていくものなんですよね。個人的な見解ですが、不安になった時やもどかしい時は、外で発散するのではなく、内にこもるのが一番なんじゃないかと思えてきます。内にこもって自分を見つめようとするだけで、自分は自分を一番見てこなかったことに気がつきます。カニばかり見てるため、スケソウダラの良さも欠点も知らなかったのでした。さらに書き進めていくと、写経のように心が鎮まることも知り、「書く楽しみ」という収穫もありました。

収穫されたスケソウダラの良し悪しは、信頼の幻冬舎菊地さんに選別していただき、天才イラストレーターの五月女ケイ子さんに梱包《こんぽう》されて、こうして書店に出荷される運びとなりました。こんな光栄なことはないです。心もすっかり清くなりそうな私は、

もうとっくに透けそうダラ？（苦しい）

２０２２年６月　清水ミチコ

解説

光浦靖子

まるで「ちびまる子ちゃん」のような世界観！　ほのぼのでうふふで最高じゃないですか。私はこの清水ミチコ物語を朝ドラにすべきだと思いますね。絶対受け入れられますよ。だって、清水さんのこと嫌いって人いないじゃないですか。データを取ったことはないです。でも私、清水さんのこと、大好きなんですね。私は人からすると、ややこしい、厄介な人間だそうです。その私が手放しで好きって言うんだから、国民はみんな好きに決まってますよ。

清水さんと初めて会ったのはウッチャンナンチャンさんの旅番組でした。確か駿河湾でのロケだったかな。桜エビを食べた記憶がありますから。私はこの世代では御多分に洩れず、「夢で逢えたら」の大ファンでした。憧れの清水さんとお仕事できる、もしかしたら、万が一、神の気まぐれで意気投合して仲良くなれるかも、と心の中でひっそり思っていたのです。が、私って愛想が悪いでしょう？　肩に力が入ると余計でしょう？　実の親にも「あなたの良さはわかりにくい」と言われたほどですから、当然、初対面で打ち解けられるわけなく、本番中はもちろん会話するのですが、カメラが止まれば会話も止まる、なんかこう、壁のあるまま過ぎてしまいました。小さな期待はしゅん……終わったぁ。帰宅するように普通に殻に閉じこもりました。

ホテルに帰る前にコンビニに寄りました。レジでお会計をしようと財布を開いていたら、後ろから声がしました。「あ、それもこっちで一緒に払いますよ」と。振り向くと清水さんでした。そしてサクッとお会計を済ませたのでした。え！　清水ミチコがなぜここに？　そりゃそうだ。同じロケバスに乗って同じホテルに向かってるんだから。しまった。殻に閉じこもりすぎて周りを見ていなかった。あの無愛想な態度だったにもかかわらず、これって再度チャンスをくれたってことでしょうか？　私は舞い上がり、パニクりました。嬉しい。話すチャンスだよ。嬉しい。が、ここで「ありがとうございます！」と言ったら、話しかけてくれたことにありがとうございますじゃなくて、ただのゼニ好きだと思われないか？　ここは一回、「いいです」と言うものか？　しかしそれじゃ拒否してると思われないか？　ううう、なんか、わからんくなってきた、キーーー！！！（頭から湯気）。

私はお金を払ってくれた清水さんに「あ、どうも」と言い、すたこらコンビニを出て行ったのでした。しかもパニクった勢いで1回睨《にら》みつけてから。なんでだよ！　歩きながら思いました。おい、私、何をしている。なぜ歩いているんだ……完全に終わったぁ。

これが清水さんとの出会いでした。

その数年後。私は「テレビブロス」という雑誌で、しかも清水さんと同じページで連載をしておりました。「テレビブロス」の何周年か記念でイベントをすることになりました。編集者から電話がありました。「光浦さん、連載陣の中で誰か一緒に企画やりたい人います？」と。私は「清水さん！」と即答しました。ええい、ままよ。拒否られたらそれまでのご縁だ。夢で逢えたら？　うー、知らんわい。こっちだってテレビ出とんじゃ。そんなビビる必要なんか……なんと清水さんはそのオファーを引き受けてくれたのでした。あ、あ、ありがとうごぜぇます。

私は前回の失態をかき消すように、清水さんに必死で喋りかけました。必死すぎてちょいちょいタメ口になっていました。そして友好の意を示すために、ほぼ初対面の間柄なのに「私、今度フィジー旅行いくんですけど、一緒にいきません？」と誘ってみました。距離の詰め方が下手くそすぎる。早すぎる。なんなら怖い。が、清水さんの返事は意外でした。「うん。いいよ」。へ？　マジでか？

この旅を機に、距離はぐんぐん縮まり、今の関係となります。

おわかりいただけました？　ね、国民も清水さんを好きになるでしょう？　立派なエヴィデンスでしょうよ。今の時代、エヴィデンスて言ったもん勝ちなんでしょう？こんな私を拒絶しなかったんですよ。あなたのことだってこの人は拒絶しませんよ。清水さんは私のことを面白いと言ってくれます。すごく笑ってくれます。この本を読んでわかりました。清水さんにはケツの穴の小さい人間を見ると笑ってしまう習性があったのですね。怒ってる人間を見ると笑ってしまう家系だったのですね。でも私は、清水さんの笑い声に何度も助けられました。今の日本を息苦しいと感じている人は多いと思います。でも、誰かに笑ってもらえると、心にあったしこりがふっと消えてなくなることってあるんですよね。笑ってもらおう。

清水さんの子分になってから感じるのは、普段の清水さんってツッコミの人なんですね。笑いながらいつもツッコんでいます。この文章も一文目からツッコんでいることでしょう。「ちびまる子ちゃんみたいって。人の作品を人の作品みたいって言っちゃダメだろ」と。でも、モノマネが生業《なりわい》なんだからいいだろ。「モノマネに謝れ。それより先輩にタメ口やめなさいよ」。またまたぁ。「またまたぁって、怒ってんの。こっちは」。

私はこうやってカナダで一人、清水さんと空想会話をしています。カナダに来て3年以上経ちます。いろんな人が「光浦さんのいるうちに絶対カナダに行くね」と言いましたが、本当に来てくれたのは、BSの旅番組で来た極楽とんぼと、清水ミチコさんだけです。忙しさと円安の荒波を越え、本当に来てくれました。嬉しかったぁ。私のことを愛してくれているのは極楽の二人と清水さんだけだと知りました。

清水さんの8日間の滞在中、8日間、一緒にいました。全く飽きませんでした。清水さんは私が食べたいと言ったわらび餅を、わざわざ日本から材料を持ってきて作ってくれました。砂糖を入れるのを忘れ、後から加えたため溶けておらず、まるで砂を噛むようなジャリジャリ音のするわらび餅を作ってくれました。あ、ちなみにこれが8日間での目玉トピックスです。なんだろう。普通の出来事が面白くなるんです。ずーっとクスクス笑っていました。いつも笑いながらツッコんでくれるので、自分が面白くなったような錯覚すらします。話しすぎて本当にもういいよ、って時も笑いながら「もういいよ」と言うので、やめ時がわかりません。度を越して喋り続けていると、清水さんのお好みのダメ人間の領域に入るので、今度は本当に笑い出します。だから私はまた自分は面白いんだと錯覚して喋り続けます。清水さんにとっては地獄のループだろうに、私には至福のループになります。武道館であんなに人を笑わせるのに、誰よりも笑い上戸です。ネタは意地悪なのに人のいいところを見つけてくれる優しい目を持っていて、飛騨高山の出身なのに東京の香りがして、占いをすぐ信じて、どんなマッサージも民間療法も効いた、効いた、となるプラセボ効果が非常に出やすくて……、国民の叔母な女性です。

朝ドラになったら、私はPÂTÉ屋さんの店主の役をやりたいです。

——タレント

この作品は二〇二二年八月小社より刊行されたものです。

幻冬舎文庫

●好評既刊
私の10年日記
清水ミチコ

「フカダキョーコに似てますね」になぜか逆ギレ。誰も知らないホーミーのモノマネにトライ。三谷幸喜さんの誕生会で激しく乱れる。どこから読んでもきっぱりすっきり面白い、日記エッセイ。

●好評既刊
主婦と演芸
清水ミチコ

「重箱のスミ」でキラリと光るものを、独自の目線でキャッチして、軽快に綴る。芸能の世界と家庭の日常を自由自在に行き来するタレントの、7年間の面白出来事を凝縮した日記エッセイ。

●好評既刊
「芸」と「能」
清水ミチコ
酒井順子

「話芸」の達人と「文芸」の達人が、ユーミン、紅白、モノマネ、歌舞伎、ディズニーランド、ハロウィン、タモリ、森光子……「芸能」のあれこれを縦横無尽に書きまくる、掛け合いエッセイ。

●好評既刊
私のテレビ日記
清水ミチコ

人気ドラマ『あまちゃん』に出演した年から、ユーミンのモノマネで『高輪ゲートウェイ』を歌った年まで。テレビの世界の愛すべき人と出来事を軽快に書き留めた日記エッセイ。

●好評既刊
できないことは、がんばらない
pha

「会話がわからない」「何も決められない」「今についていけない」――。でも、この「できなさ」こそ、自分らしさだ。不器用な自分を愛し、できないままで生きていこう。

幻冬舎文庫

●最新刊
見つけたいのは、光。
飛鳥井千砂

ワンオペ育児中の亜希、マタハラを訴えられ絶望している茗子、二児のシングルマザーの三津子。三人は匿名でコメントしていたブログの炎上をきっかけに出会い、女同士本音のバトルが始まった。

●最新刊
今夜はジビエ
小川　糸

朝は鳥の声を聴きながら愛犬・ゆりねと森をお散歩。昼間は庭にハーブや野菜を植え、夜は薪ストーブの前でワインを楽しみながら、音楽を聴く。山小屋での暮らしを綴った日記エッセイ。

●最新刊
泣いてちゃごはんに遅れるよ
寿木けい

笑顔と涙、頑固と寛容、面倒と小さな喜び——。まとまらない考えも俎板にのせ、台所で手を動かせば新しい道筋が見えてくる。見逃したくない小さな景色を書き留めた二十七篇。

●最新刊
ふやすミニマリスト
所持品ゼロから、1日1つだけモノをふやす生活
藤岡みなみ

シンプルライフとはほど遠い生活をしていた著者が、部屋を借りて「所持品ほぼゼロ」の状態から始めたチャレンジは、生活、人生、自分を見直す発見にあふれていた。〝暮らしの大冒険〟の記録。

●最新刊
吹上奇譚　第四話　ミモザ
吉本ばなな

吹上町に、赤ちゃんが生まれた。名はミモザ。母親は除霊師の美鈴。幼いころ虐待を受け「幸せが怖い」と感じる美鈴は、出産を機にしゃべれるようになり、友人のミミは美鈴を静かに見守ることに。

カニカマ人生論《じんせいろん》

清水《しみず》ミチコ

令和7年2月10日　初版発行

発行人――――石原正康
編集人――――高部真人
発行所――――株式会社幻冬舎
〒151-0051東京都渋谷区千駄ヶ谷4-9-7
電話　03(5411)6222(営業)
　　　03(5411)6211(編集)
公式HP　https://www.gentosha.co.jp/
印刷・製本―株式会社　光邦
装丁者―――高橋雅之

幻冬舎文庫

ISBN978-4-344-43453-0　C0195　し-31-5

この本に関するご意見・ご感想は、下記アンケートフォームからお寄せください。
https://www.gentosha.co.jp/e/